黄桥 ◆ 编著

（男版）

销售圣经

THE SALES BIBLE

FOR MEN

南方出版社

图书在版编目（CIP）数据

销售圣经 ：男版 ／ 黄桥编著. —海口：南方出版社，2012.6

ISBN 978-7-5501-0964-3

I.①销… II.①黄… III.①销售－方法

IV.①F713.3

中国版本图书馆CIP数据核字(2012)第125131号

书　　名：销售圣经：男版
作　　者：黄桥
出 版 人：赵云鹤
出版发行：南方出版社
地　　址：海南省海口市和平大道70号
邮　　编：570208
电　　话：（0898）66160822
传　　真：（0898）66160830
经　　销：新华书店
印　　刷：北京佳顺印务有限公司
开　　本：690×960　1/16
印　　张：14.5
字　　数：173千字
版　　次：2012年7月第1版　2012年7月第1次印刷
书　　号：ISBN 978-7-5501-0964-3
定　　价：29.80元

该书如出现印装质量问题，请与本社北京图书中心联系调换
电话：（010）65068303－622

目录
contents

序　言　男性天生就是销售王者

第一章　做销售，男人有天生优势

远见：男人比女人更懂得放长线钓大鱼 003

远见——男性在销售中的绝对优势 003

男性惯用远见销售法 005

欲望：男人比女人业绩欲望更强 011

进取心——欲望的第一体现 011

激情——欲望的调节器 013

有了目标，欲望才能更好地刺激你奋进 014

洞察力：男人比女人更具洞察力 017

洞察力——销售人员的必备武器 017

大胆发挥自己的天生优势 019

男性销售员洞察力"升级法" 022

成就感：能给男人提供源源不断的动力 026

男性的特质：销售会带来无上的成就感！ 026

挑战，成就感的源泉 029

男性的专长——将职业素质提升为成就感 031

投入：男人会比女人将更多的精力投入到事业中 033

男性对销售更投入 033

热情——男性投入力的直观体现 036

男性的投入优势：快速进入状态 038

第二章　针对不同客户，展现男人魅力

男性客户：相同的心理相同的需要 043

根据自身情况对男性客户心理进行分析 043

寻求并制造与男性客户的共同点 045

设身处地地为男性客户的利益着想 048

女性客户：男人比女人更了解女人 051

对女性客户心理了如指掌 051

嘴巴"活"一点，拉近与女性客户的关系 054

老年客户：男性的细心和尊重更容易打动老人 060

分析老年人的消费心理 060

男性的礼貌和尊重让老年人更看重 062

男性拉近与老年人距离的诀窍——耐心倾听 064

少儿客户：用男人的酷和帅虏获少年男女 067

男性销售员给少男少女的第一印象很重要 067

男性销售员吸引少男少女的闪光点 069

第三章　男销售员的秘密武器

专业水平高，不仅是销售，还是专家顾问 077

专业是做好销售工作的前提 077

努力成为本行业的专家和客户的顾问 083

安全感，用男人的真诚和信誉虏获客户 086

真诚能给安全感增添筹码 086

诚信——营造安全感的不二法门 089

坚持——精诚所至，金石为开，男人的坚持最动人 094

坚持是男性销售的最强武器 094

如何练就坚持的心态？ 096

交际能力，男人比女人交际范围更广泛 101

生活方式练就男性交际能力 101

身份意识扩展男性人脉 103

巧妙的手段让男性左右逢源 104

执行力，男人的执行力是女人永远比不上的 107

执行力，男性的销售魅力 107

化不可能为可能——男性执行力的终极体现 110

提升执行力的关键——及时解决问题 112

第四章　扩大优势的利器

在专业的基础上展现亲和力 115

亲和力——提高销售成功率的秘密武器 115

亲和力发挥法则 117

利用交际，建立人脉圈 123

人脉——销售员的护身符 123

男性销售员建立人脉圈的两大法宝 125

借助口碑宣传，让客户成为你的朋友和销售员 129

守卫口碑——重视面前的每一位客户 129

让口碑为自己的销售打广告 130

全情投入，让客户满意并感动 136

热爱你的工作，关心你的客户 136

用细节和认真的态度感动客户 138

坚持想客户所想，急客户所急 140

弄明白客户想的是什么 140

以客为尊，注重双赢 142

第五章　克服这些，你能做得更好

自作聪明，把客户当笨蛋 149

自作聪明——男性销售的大忌 149

怎样克服自作聪明的坏毛病？ 152

粗心大意，总是功亏一篑 156

粗心大意——销售路上的绊脚石 156

多点细心，就离成功更近一点 160

虚荣心与要面子总来捣乱 *163*

虚荣心和要面子是男性销售员的软肋 *163*

克服虚荣心和要面子的方法 *166*

脾气大、易冲动，得罪客户 *170*

脾气大，易冲动——男性销售员的致命弱点 *170*

男性怎样克服脾气大、易冲动的弱点？ *172*

过于自信，看低同事和客户 *178*

过于自信就是一种自负 *178*

克服过于自信的有力法宝 *180*

忠告：向女性销售员学习，刚柔并济 *184*

做到刚柔并济，方可立于不败之地 *184*

向女性销售员学习"柔术"三招 *185*

第六章　销售中的提升和爆发

参加专业培训，不断提高专业水平 *193*

专业培训——男性销售员的必修课 *193*

把销售当成一种兴趣，利用培训班做到术业有专攻 *196*

在磨炼中涅槃，抛却虚荣，成为情商达人 *199*

在磨炼中克服过度的虚荣心 *199*

情商——开启男性销售员成功之门的金钥匙 *201*

在谈判中克服粗心、冲动等男性劣势，成为谈判专家 *205*

男性销售员克服粗心、冲动的必要性 *205*

学习谈判技巧，争取成为谈判专家 *208*

让销售为自己服务，向管理层挺进 212

用心工作，你会发现在销售中你能学到很多 212

用业绩"作秀"，引起高层注意 214

给即将进入或已经进入管理层的销售人士的建议 217

序言
男性天生就是销售王者

有人说：在这个经济高度发达的现代社会中，销售无处不在。

还有人说：销售工作，就像是一个外交官代表国家从事的外事活动。

也许对于这样的说法，你会觉得有些惊讶：销售有这么夸张吗？诚然，曾经人们对销售的理解就是"卖东西"。然而随着时代的进步和商业的发展，销售的内涵除了商品之外，还得到了更多的补充——态度、售后服务、产品附加值……

放眼世界，销售行业几乎都是男性的天下。男性天生就有诸多销售优势——充满远见、充满激情，在面对客户时又能展现不同的魅力……男性的这些天生优势，成就了一个又一个传奇销售大师——乔·吉拉德、原一平、齐格·齐格勒……

这些大师所创造的销售奇迹，证明了男性才是销售领域的"王"。在这些销售大师的身上，我们看到的男性对工作的欲望与投入，以及在工作中的洞察力，都是女性销售员无法企及的。在这些天生优势的帮助下，男性固有的成就感会不断地得到满足，对销售事业的进取心也会逐渐增强。

更何况，男性独有的亲和力与人脉网，更能使男人在销售领域占据主导地位！

当然，成为销售领域主导者的男性，不能仅仅停留在对自身优势的迷恋上，还要在认清这些优势的基础上不断地学习和积累更多的销售技巧，这样才能永保自己的"霸主地位"。也就是说，男性销售员还要在销售上完善自己，改掉那些劣势，吸取更多的精华。当你成为一件完美的"商品"后，推销自然水到渠成。

关于这一点，乔·吉拉德有一句名言：一个优秀的销售员要想成功地推销出自己的产品，首先要学会推销自己。正是基于此，在这位世界级销售大师身上才闪耀着那么多被众多销售人士效仿的个人职业魅力。

纵观当前图书市场，有关销售理论与技巧的书籍层出不穷，然而，特别针对男性朋友的却少之又少。正因为如此，那些对销售充满兴趣的朋友，不妨翻开这本为男性量身定做的《销售圣经：男版》吧！本书以解剖男性天赋为重点，突出显示男性在销售方面得天独厚的优势。也许，这些优势男性销售员平时并没有注意到，因此，本书将其系统化，以最完美的姿态展现在广大男性销售员面前，帮助大家激活体内的"成功基因"！

除此之外，本书还给男性销售员提供了众多的指导与建议，使其在保有自身优势的前提下，能够在销售领域更加如鱼得水、所向披靡。让我们翻开本书，在墨韵纸香之中，成为新一代的原一平与乔·吉拉德！

第一章
做销售，男人有天生优势

为什么说"男人具有女人所不具备的销售优
势"？这是因为，男性充满远见、欲望和成就感，
同时具备良好的洞察力，愿意投入销售之中。
这些优势，都是男人天生的"基因"，一旦激活，
就会在销售领域突飞猛进！

远见：男人比女人更懂得放长线钓大鱼

古语云：人无远虑，必有近忧。

现在社会是一个信息化、知识化的社会，在这样一个社会中，人们无论从事什么工作，都必须要有远见。人的判断力和决策力成了有远见的标志，这一点在销售行业中尤其重要。而远见恰恰是男性的专属，所以男性销售员比女性销售员在销售行业中更有发展前途，因为他们更懂得放长线钓大鱼。

远见——男性在销售中的绝对优势

常听身边做销售的女性朋友抱怨自己在工作中总是不能取得理想的成绩。然而，这些女性销售员没有看到：在自己抱怨的时候，男性销售员正在忙碌地计算价格；在自己徘徊的时候，男性销售员已经在分析失败原因。也许女性销售员会觉得，这是男性"不够聪明"的表现，可事实上，这正显现了男性的一个特质：充满远见。

充满远见的男性销售员，不会拘泥于一次得失，他们比女性更能吃苦；充满远见的男性销售员，懂得在起跑时领先一小步，那么他到终点时就可能领先一大步；充满远见的男销售员，都明白"买卖不成仁义在"的道理，为自己日后的销售之路作铺垫。

张潜在电脑城的一家笔记本专卖店上班。这天，一位客户来到专卖店挑选电脑。张潜热情地接待了客户，并认真地给他推介电脑，但是到最后这位客户并没有看中任何一款电脑。

就在顾客准备离开的时候，张潜赶忙走过去，热情地对他说："先生，我可以帮助您吗？"

那位先生疑惑地说："你能帮我做什么？"

张潜说："虽然您没有买我们的电脑，但依旧是我们的顾客。我是这里的销售员，很熟悉附近的电脑直销店，如果您有什么需要，我也可以给您建议。买卖不成，但仁义要在！"

听了张潜的话，客户感觉很温暖，立刻同意了张潜的建议。张潜带着他来到了别的电脑直销店，那位顾客把所有的电脑店都看了一遍，还是没有挑选到他自己最满意的电脑。最后，客户对张潜说："我决定买你的电脑。说实话，我决定买你的电脑并不是你的电脑比其他店里的要好，而是你对顾客负责的精神感动了我。在此之前，我还没有享受过这种宾至如归的服务。"

张潜这种"延续性"的热情，为自己赢得了一个客户。不仅如此，那位客户还在他的朋友圈内为张潜作免费宣传，介绍了很多买电脑的客户给张潜。

张潜之所以能够谈下这个客户，正是因为充满远见，最终用不懈的热情打动了客户。在面对客户时，很多人都知道热情能起到很大的作用，所以都尽量对客户保持足够的热情，可是当客户表示不愿购买时，这份热情就会立刻消退。其实，这样的行为对于自己以后的推销是没有帮助的，因为客户牢牢记住了你的冷淡，将来即使有机会也不愿再找你。甚至，客户还会向其他朋友诉说，让你的形象彻底打折。所以说，有远见的男销售员是不会砸自己的饭碗的。

男性惯用远见销售法

一个优秀的销售人员绝对不能是一个后知后觉的人，而应当对市场有着很好的前瞻性，并且根据这种前瞻性来调整自己的销售计划。这种能力，与男性的天生优势有着密切的关系，当然还有相应的后天学习和总结。

在销售方面，有远见是相当重要的，因为销售要的就是积少成多的功底，还有放长线钓大鱼的本领。男性销售员如果能学会一些远见销售法，就会取得令人欣喜的收获。

（1）远见销售法之以退为进

在面对客户时，销售员自己的条件并不总是最好的，当自己的条件无法让客户尽快作出抉择时，很多男性销售员就会静下心来，静观其变，采取"以退为进"的远见销售法。

北京一家大型超市准备开业，听此消息，各大品牌的销售代表立刻蜂拥而至。王展是一家小型企业的代表，所以超市给他的条件很苛刻，只给了他 60 天回款账期。

条件这样苛刻，王展很难接受。又过了一天，超市的采购经理打电话给王展，希望厂家在签订合同之前，先提供一套现场制作的设备，以便吸引更多的消费者。

王展感到自己的机会来了，因为库房里恰巧有一套闲置设备。但他没有当即答应，而是说："经理，我会尽力跟公司协调这件事，在最短的时间给您答复，但您能不能给我一个正常的回款账期呢？"

经理一愣，说："这怎么可以？"

王展说道："经理，我们的设备都是需要申请的，设备也有成本，通常我们不能做这样的先款投入。但我相信咱们的超市一定会生意兴隆，所以我能够答应下来。但是，也请您给我一个合理的回款账期，这样我也方便和领导交代。我已经退了很大一步了，也请您照顾一下我的工作吧。"

见王展这么说，经理也不好再勉强什么，于是同意了他的请求。

王展拿下谈判的关键，就在于运用了以退为进的技巧：让自己陷于"吃亏答应对方请求"的境地，赢得了对方的好感。当然，以退为进是以远见为前提的，而不是只顾眼前的草率让步。男性销售员在这方面做得相当不错，因为他们懂得把握时机和技巧，懂得怎样运用自己的先天优势。

（2）远见销售法之循序渐进

循序渐进，就是指销售员在面对客户时掌握两个条件：第一是假设客户已经接受自己的商品或服务；第二是用"肯定回答质问法"来向客户提出问题。在操作的时候，销售员可以先让客户对产品或服务在细小部分作出肯定，然后再慢慢往大的方面发展。这样，顾客才会不由自主地作出购买的决定。

这种销售法要求销售员要对整个销售脉络有所把握，能够预见将要发生的事情，这对富有远见的男性销售员来说也是相当有挑战性的。下面的这个案例，销售员就是通过循序渐进的方法，使得客户最终购买了他的产品。

小郑是一名保险销售员，这几个月都与张先生进行沟通。张先生表现出了购买的欲望，却迟迟下不了决定，这让小郑很是头痛。后来，他想到了一个方法：循序渐进地吸引张先生进行购买。

这天，小郑又一次和张先生见面了。张先生再一次咨询了之前问过的问题，同时提出想看一看保险计划书。这时候，小郑感到机会来了，他将计划书递给张先生，然后问道："张先生，您要给孩子存教育保险，那么投保人是您还是您太太？"

过去，小郑没有问过这样的"选择题"，而是一味地阐述。在听完这个问题后，张先生作出了明确的回答："我想是我的太太。"

小郑继续循序渐进地问道："那您打算给孩子存五份还是十份？虽然存得越多价钱越贵，但未来的回报也会更大。"

张先生说："我想一下……还是十份合适！"

小郑说道："谢谢张先生！那么，咱们是今天还是改天签约？"

张先生说："明天早上吧。"

小郑再次问道："那是在家里还是办公室？"

张先生说："你来我的办公室吧。"

小郑说："那您看十点可以吗？如果不方便，我就九点到公司。"

张先生说："十点吧，九点我还有一个会议。"

"好的，谢谢张先生！"就这样，小郑终于让张先生作出了明确的答复。第二天一早，他准时来到张先生的办公室，并且顺利签单成功。

作为一个有远见的男性销售员，当觉察到客户有购买意向的时候，就会抓住时机，采用循序渐进的方式与顾客沟通，从而促成交易的顺利进行。小郑就是如此，他没有急着让张先生作出答复，而是一点点地"引诱"张先生作出选择。这种耐心，自然让他赢得了成功。

(3) 远见销售法之顾左右而言他

在面对客户的拒绝时，销售员不要一味地诉说自己的产品和服务的优点，那样只会让客户拒绝的决心更加坚定。遇到此种情况，男性销售员不妨利用自己的耐心好好地与客户周旋，把眼光放长远一点，准备与客户打一场持久战，例如采取顾左右而言他的销售法。

顾左右而言他是一种很不错的销售法，它能避免客户对你产生厌烦。聪明的男性懂得采用这种推销方式消除客户的厌烦心理，所以最终会赢得客户。

小李是一个人寿保险销售员，当向一家知名公司的老总推销保险时，他一开口就被老总拒绝了。

面对这种情况，小李没有放弃，而是真诚地表达了对该老总的仰慕之情，并告诉老总自己是经一个客户介绍来推销保险的。那个客户也是该老总的朋友，通过那个客户，小李了解到很多关于该老总的事情，所以很想认识这位老总。他的想法被老总拒绝了，因为老总觉得这是小李在说恭维话，但小李又用真诚的语调告诉该老总，自己只想请他吃顿饭，期间绝对不谈保险，只向他学习请教。

果然，在约定的吃饭的当天，小李半句未谈保险，而是谈了一些彼此感兴趣的话题。通过谈话，老总了解到小李的为人和能力，因此就在小李那里投了保，交了小李这个朋友。再后来，老总还动员下属和朋友买小李的保险。

　　就这样，小李运用自己的远见，既交到了朋友，又赢得了自己的客户和随之而来的更多客户。

　　客户就是这样，你越急功近利地接近他们，他们越排斥你，当你采用避重就轻的推销方式时，他们就算明知道自己会"上当"，还是很乐意成全你。这就是男性销售员的高明之处，不像女性销售员那样急迫，没有远见。

　　（4）远见销售法之走马观花

　　走马观花，顾名思义就是随意看看，带着欣赏的眼光，没有什么目的性。

　　在销售这里讲的"走马观花"，是指带客户随意看看，在看的过程中让顾客下决心买你想让他买而他自己又满意的东西。这是男性销售员发挥其远见的最好方法，可以让销售员有更多的收获，卖出更多的产品。

　　刘敏刚搬了新家，想在附近的一家百货商店买一个闹钟。刚进店门口，小店负责人方刚就热情地迎上前问："请问这位女士，有什么需要帮助的吗？"刘敏说："我想买一个闹钟。""好的，您这边请。我们店里刚来了一批钟表，样式非常漂亮，我想肯定会有你喜欢的。"

　　方刚热情地为刘敏带路，在挑选钟表的间隙，还问刘敏："我见你这几天总是来我们店里买东西，你是那个小区里的新业主吧？"

刘敏微笑着说："你还真细心，我是这几天刚搬过来的。"

"哦，那你刚搬过来，家里一定有很多东西要置办吧？"

"是啊，真头疼，家里的一些电器都还没买呢！"

"那一会儿我带你去我们卖家电的地方看看吧，看你喜欢什么东西。"

在方刚的指引下，刘敏买了许多家用电器，包括洗衣机、豆浆机、电视机等。本来刘敏没有打算现在买这些，但她在不知不觉中将这些都买下了。不过，她并没有觉得自己买这么多东西是受到方刚的怂恿，而是不停地感谢方刚的帮助，因为她觉得这些东西都是她需要的，而方刚只不过是提前带她看看罢了。

这个故事展现了男性销售员在远见上的一大特质，即不死板地只卖顾客询问的东西，顾客不问的东西他们也会想方设法让顾客买，而且让顾客买得心甘情愿，没有任何被强迫的感觉。这就需要销售人员有远见，看看顾客买的东西跟其他你想卖的东西有何联系，这样前后一想，自己的推销就有方向了。

做一个成功的销售男，就应当好好发挥男性特质，把远见用在实处，这样才会有源源不断的客户和收入。

欲望：男人比女人业绩欲望更强

一个销售人员走南闯北、孤军奋战，常常要面对一个个陌生的面孔，要应对各种各样的拒绝，这是常人无法想象和忍受的。那么，是什么使销售人员能够坚持下来呢？对获得销售业绩的欲望！在销售的道路上，没有这种欲望你是走不远的，而相对于女性销售员，这种获得业绩的欲望，在男性身上体现得更加明显。

进取心——欲望的第一体现

在事业中，不同的人有不同的内在动力——幸福、金钱、地位、自尊心等，但所有出色的销售人员都具有一个共同点——想成为杰出人士。男性销售员因为各种优势，在销售领域中显得更有进取心。正是这份进取心，激活了体内的欲望，使男性销售员可以全身心地投入工作。

卡腾堡是著名的新闻分析家，但他年轻的时候，只是一个一文不名的穷小子。为了谋生，22岁那年，卡腾堡只身来到巴黎闯荡。虽然他很想马上就创立自己的事业，但他没有钱，只能用自己身上所有的钱在巴黎版的《纽约先驱报》上刊登了一个求职广告。这份广告帮他找到了一份推销立体观测镜的工作。对功成名就的渴望，以及对创立自己的事业的激情，让他认真对待起这份销售工作。

从事销售工作期间，卡腾堡表现得相当有进取心。他不懂法语，总是先让老板把自己推销时需要说的话写在纸上，然后再利用业余时间，拿着字典一句一句背下来。在背那些句子时，他很痛苦。他之所以能撑过去，只靠着一点信念：我要想创立自己的事业，就必须在销售领域干好！

每天早上出门之前，卡腾堡都会站在镜子前面，对自己说："卡腾堡，你一定要记得自己的梦想。如果你想实现这个梦想，你就一定得做这件事。既然你非做不可，为什么不带着激情去把它做到最好呢？"

最终，这个根本不懂法语的小伙子，靠着这份进取心，在从事推销工作的第一年就成为当年全法国收入最高的销售员。

拥有梦想，又有那份毅力，在工作中时刻保持那份进取心，男性对成功的欲望总是那样旺盛！常言道：有志者，事竟成。只要在销售中保持自己的这份欲望，不服输，那么你自然会成为销售领域的"金牌男杀手"！

激情——欲望的调节器

激情是什么？激情是亢奋、是专注、是追求，是一种推动你做事情的调节器。古往今来，任何想要做成大事、取得大成就的人，无一不怀着满腔的激情。一个没有激情的人，无论面对多么强烈的诱惑，具备多么充分的条件，他的意志都会疲软、瘫痪。所以说，激情是做事的基础，是销售人员在销售过程中保持欲望的调节器，更是男性销售员所向披靡的关键所在。

弗兰克·贝特格是著名的人寿保险销售员，下面是关于他的人生故事。这则故事阐述了激情是如何调动欲望的，以及它对工作和事业的重要意义。

弗兰克·贝特格在成为保险销售员之前是一名职业棒球手。不幸的是，在刚进入职业棒球界不久，他就因为打球无精打采而被老板开除了。但临走前，老板告诉他：无论他走到哪里，无论他做什么工作，都不要死气沉沉，因为做任何事情最不能缺乏的就是激情。只有充满激情，才能保持对成功的欲望，从而激励自我。

弗兰克·贝特格记住了这个重要的忠告，于是在与纽黑文队签约后，他就下定决心要成为这支球队甚至整个联盟最有激情的球员。他做到了，由于在球场上充满活力和激情，他被当时的报纸起了个绰号叫"锐气"，被称做队里的"灵魂"。

退出职业棒球队之后，他做了人寿保险推销的工作。最初的十个月是令人沮丧的，直到他被卡耐基先生一语惊醒："弗兰克，你在推销时的言语简直毫无生气，换作是我，我也不会买你的保险的。没有激情，就没有成功的欲望。你自己都无所谓，那么谁又会买你的东西？"

这时，弗兰克·贝特格忽然发现自己丢掉了当棒球运动员时最宝贵的财富，他决定以他在纽黑文队打球的激情来好好推销他的保险。突然，他感到想在销售领域做大做强的欲望顿时高涨了。

有一天，弗兰克·贝特格走进一家店铺。他鼓起全部的勇气和热情试图说服店主买他的保险。那位店主大概从未遇到过如此热情的销售员，只见他挺直了身子，睁大眼睛，认认真真地听着弗兰克·贝特格把话说完，而不是像以前的客户那样，根本不给弗兰克说下去的机会就找个借口把他赶走。

最后，店主同意了弗兰克·贝特格的建议，买了一份人寿保险。从那天开始，弗兰克·贝特格才觉得自己真正地成为一个销售员。在随后的12年推销生涯中，弗兰克·贝特格目睹了许多有激情的销售员收入成倍地增加，他们充满欲望，渴望获得成功；同样也目睹了更多人由于缺少激情而终究一事无成。

从弗兰克·贝特格的人生经历中我们知道，一个死气沉沉的人是不会取得成功的，只有把心中隐藏的激情火种点燃，才能爆发出强大的能量，才能提升对成功的欲望。

所以，从事销售工作的男性一定要保持自己的激情。这份激情男性是胜于女性的，没有了这份激情也就没有了获得业绩的欲望，那样自己在销售领域就无法取得大的成就。

有了目标，欲望才能更好地刺激你奋进

目标就像空气一样，是生命不可或缺的；没有目标的人，是不

可能成功的。明确的目标是所有成就的起点，如果人生没有目标，就好比在黑暗中远征，没有任何方向感。一旦如此，欲望自然会越来越低，成功的可能性也会越来越低。

给自己一个进步的目标，你的潜意识就会激活对目标的激情，从而在业绩上取得更大的进步。有了目标你会知道需要什么，你会对一些机会变得敏锐，并利用这些机会达到你的目标。慢慢地，你会发现你的工作变得十分有乐趣，从而产生了"把它做优秀"的欲望。

日本有一个销售员名叫山田，他有一个跻身于销售专家的梦想。但是，无论他如何努力，这个梦想还是没能实现，甚至他还感觉梦想离他越来越远了！三年过去了，山田依旧如当初的那个样子。面对这样的窘境，山田曾经的欲望越来越低，甚至有了换个行业的冲动。

就在这时，一个一直看着他成长，并对他充满信心的前辈说："山田，你的愿望太过模糊，根本没有一个明确的方向，所以你自然会觉得欲望越来越低。你要让它明确起来，这样就会有实现的一天。"

听了前辈的建议，山田设定了新的目标，然后再逐渐增加，这里提高5%，那里提高10%，结果一年过去后，他的顾客增加了20%。这种方式，让他感受到了推销行业的乐趣与刺激性，于是他的欲望进一步提升。他有了新的目标：进入集团高层！

果然，三年后，山田已成为集团经理，管理着一个几百人的保险销售组。他很庆幸，是前辈的建议，让自己设立了一个明确的数字作为目标，这才让自己有了今天的成就。

由此可见，一切成就的起点，是确定明确的目标。销售员在从事销售时要不断地问自己："我的目标是什么？我真正需要的是什么?"这样才不会盲目,才能有更大的欲望去获得业绩。

　　一个男人要想取得事业上的成功,必须树立起自己的目标,让目标带动自己的欲望,有欲望才有斗志,有斗志才能克服各种困难而取得胜利。

洞察力：男人比女人更具洞察力

男人普遍比女人有更好的洞察力，这是男人胜过女人的另一个天生优势。男人拥有好的洞察力，无论是在事业上还是生活中都会如鱼得水，因为稍加运用自己的这个能力便可达到意想不到的效果。

洞察力——销售人员的必备武器

一个销售人员必须具备良好的洞察力，这对销售事业是极其有帮助的。作为男性销售员，应该好好利用自己的洞察力，帮助自己赢得客户，进而获得业绩上的成就。更难得的是，男性销售员身上还带有果断的特质。这样，男性的洞察力就会进一步爆发。

牛家兴开了一家家具公司，但是他的家具销量一直不好，这让他很烦恼。

这天，牛家兴乘火车去外地谈生意，列车上的乘客们都随意地看着窗外循序向后倒去的荒野。在一个拐弯处，火车减速，一座简陌的平房缓缓地进入乘客们的视野。平房的出现让乘客们很惊喜，于是大家都睁大眼睛欣赏寂寞旅途中的这道特别的风景，甚至有的乘客开始议论起这座房子。

看到这些，牛家兴突然意识到了什么，赶紧拿出本子，在纸上写了起来。谈完生意回去时，他中途下了车，并不辞辛苦地找到了那座房子。房子的主人告诉他，火车每天都要从门前驶过，巨大的噪音让他们难以正常生活，他们很想以低价卖掉房屋，但多年来一直无人问津。

听到房主的话，牛家兴很兴奋，于是花了 5 万元将这间房子买了下来。他的考虑是，这座房子正好在拐弯处，火车经过这里时都会减速，经过旅途劳顿的乘客一看到这座房子都会眼前一亮，将这座房子用来做广告真是再好不过了。于是，他找工人在房子的墙壁上绘制了大幅广告，并留下了自己的联系方式。

果然，在这个独特的广告出现的第三天里，牛家兴就接到了三个电话，来电者都说是看到了这个广告，想看看他的家具如何。就这样，他的生意越来越好，最后成为当地一个小有名气的创业者。

这个小故事虽然涉及的是广告领域，但对销售员也很有启发，因为打广告也是销售员进行销售时采用的方法之一。最重要的是，销售员要学习牛家兴的洞察力，当看到一件事情时要能发现其中的机会，懂得灵活、果断地运用洞察力来帮助自己达到一定的目的。

在南方某市，一个餐馆的老板正是通过洞察力的运用，使生意越做越好。该市鞋帽生意发达，老板发现每天都有全国各地的人前来进货，但批发市场周围并没有就餐的地方，一到中午时吃饭就成了难题，不得不去很远的地方就餐。于是，他立刻调整经营模式，在批发市场门前贩卖盒饭，原本不佳的生意立刻好转。

这则故事，与那则我们熟悉的"在非洲部落卖鞋子"的故事有异曲同工之妙。充分调动洞察力，发现市场和人群的潜在消费欲望，这样的男性销售员，没有一个是不成功的。

大胆发挥自己的天生优势

洞察力是男性销售员的天生优势，那么在具体的销售中该如何发挥这个优势呢？一个好的销售者应当明白：运用洞察力，看准关键，该出手时就出手，不能手软，更不能迟疑，否则就会失去千载难逢的机遇。作为一个有能力的男性销售员，一定要眼光锐利，分析独到，这样才能帮助自己把握客户。

一位中年男子来到一个美术学校设在某高中门口的业务咨询点，准备为孩子的学习进行咨询。

市场推广人员小王上前热情地接待，并认真打量这位中年人：整洁的衣饰，一丝不乱的发型，透露着他的练达和冷静；没有什么小动作，认真倾听并提出针对性的问题，表明了他对一件事的慎重态度。

通过这些观察，小王立刻作出了判断：这个人看起来像是一个喜欢较真的客户。于是，他想到了合适的交谈方式。

"你们学校办了有几年了？"男子问。

"已经快十年了，我们很有经验的。"

男子又问道："那么，你们的成绩如何？"

这时候，小王拿起一张写有各大美术院校的招生名录的宣传单。男子看了看，没说什么。小王随即又打开笔记本电脑说："先生请看，这是我们学校多年的统计记录。为了观看方便，我们特意把数字做成了图表。您看，十年来，我们学校毕业的学生，平均成绩要比当年美术专业课上线成绩多出七八分呢。由此看来，我们学校的起点比其他学校高。"

男子很欣赏地点了点头，说："看起来是不错。那么请问你们学校老师的变动情况大么？"

"这您不必多虑，我校教师的待遇在全省美术学校中都是最高的，比全省教师的平均工资要高20%左右。所以，一般很少有教师人事上的变动。"

见到这位男子点了点头，小王继续说道："先生，还有一点我正想向您详细介绍。我们学校的位置就在教育局旁边，那里属于政府所在地，周围就有区公安局，安全系数也非常高。所以，孩子在我们那里上学，无论安全问题还是教学质量问题，都可以得到充分的保障。"

那位先生一愣，没想到自己想要提出的问题，已经被这位推广人员洞悉。于是，他露出了笑容，说："这我就放心了，就给我儿子报一个名吧。"

就这样，小王顺利地完成了签单。

从这个案例中我们可以看出，小王的洞察力非常优秀，可以从客户的衣着和行为举止中揣摩出客户的性格，进而作出分析，并大胆从认真入手，最终赢得了客户的好感。这正是男性的优势：不动声色地通过观察进行分析，这远比女性不停地发问更能打动人心。

在现代社会中，销售竞争很激烈。所以，运用良好的洞察力，做到该出手时就出手很重要。当然，男性销售员在发挥洞察力这个天生优势时，还应当注意以下几点。

（1）相信自己的判断

既然男性销售员有这样的优势，就应当好好发挥，相信自己的判断。似是而非只会让自己判断失误，妨碍自己洞察力的发挥。一旦观察出对方的性格特点，千万不要随后再改口，否则只会引起客户反感，认为你这是三心二意的表现。

（2）果断作出反应和决定

在拥有良好洞察力的基础之上，我们还要果断作出选择。一些销售员销售失败的案例都是因为反应迟钝，没有抓住时机果断作出决定。如果不果断，原本可以发挥巨大效果的洞察力，会因此大打折扣。所以说，不善于果断作出决定是销售工作的大忌，直接影响销售效果。

（3）瞄准目标，大胆一搏

销售和射击一样，首先要有目标，进而瞄准，找到那个中心点时就要大胆射击。因为有洞察力做前提，所以出击时一定要有胆量，成功或失败在此一举。的确，洞察力不能保证百分之百的准确，但如果连"搏一把"的胆量都没有，客户就不可能被你的魅力所征服，反而会认为你只是一个唯唯诺诺、不思进取的低级销售员。

男性销售员洞察力"升级法"

洞察力如此重要，男性销售员应当尽可能完善和提升它。

方法一：行为举止洞察法

成功与客户见面，并不意味着产品或者服务就能成功地销售出去。在面对客户时，销售员需要有良好的洞察力，洞察客户对你的印象如何，是否有好感。只有明白了客户的心理，才能做到"对症下药"。毕竟，我们面对的客户太多太杂，每个客户都是不一样的。下面是通过言行举止洞悉客户的内心世界的具体方法。

(1) 洞察客户眼神

都说"眼睛是心灵的窗户"，因为眼睛能直接反映出客户对周围事物的感知变化以及他的心理活动。所以，在面对客户时，销售员会通过以下几个小细节来判断客户的内心世界：

◎如果客户的视线根本就没有对准你，那就说明他对你的话一点儿也不感兴趣；

◎如果客户的视线跟着你的动作走，那就说明他对你的话很感兴趣，或者对你这个人本身很注意；

◎如果客户看着别处跟你讲话，那很遗憾，说明他讨厌你；

◎如果在谈话期间，客户突然垂下眼睛，那么说明他想进行一下思考，你进一步销售就有戏了。

通过眼睛来洞察客户心理的方法还有很多，以上这些只是一部分。当然，依靠眼神来洞悉客户心理的方法只是一个大致的参考，因为不同性别、年龄、性格的人所具备的眼神是不同的，具体该怎样判断就要看销售员的功底了。

(2) 洞察客户动作

一个人待人接物时的动作，透露着他的情绪和心理。通过看客户的动作，销售人员可以判断出客户对自己是否有好感，进而在心中拟出自己的销售计划。

如果在谈话中，客户总是抱着胳膊谈话，这通常表明他有排斥心理；如果客户的手不停地动着，好像在找寻什么东西，那说明他有些紧张或是接受了你的推销，想捋顺一下思绪；如果客户不停地挠头，则说明他已经对你所说的不耐烦了……

这天，水暖材料销售人员王平按照约定来到李经理的办公室，准备就对方的水暖材料采购进行进一步的讨论。但是没过几分钟，王平就发现李经理有些坐立不安，不是出去接电话，就是在纸上写着什么。

看到李经理的行为举动，王平意识到，李经理今天一定有心事，这绝不是继续沟通的好时间。倘若继续说下去，也许还会引起对方的反感。于是王平立刻停止了讨论，并说改时间再来拜访。

原来，李经理今天因为和妻子吵架，的确不在状态。见王平如此有眼色，李经理心里舒坦了一些，对这个年轻人有了好感。几天后，他主动联系王平，并爽快签单。

除了谈话中的动作，客户的坐姿也能透露他的内心世界：客户坐得离你较远，是在跟你保持心理上的距离不致被你说服，或者也是在保持自身的优越感；客户向你靠拢，则表明正在接受或已经接受了你。

这些都是销售人员在工作中的经验总结。客户在面对销售人员的时候，总会不自觉地表现出很多动作，这些都是销售人员应当掌握的"风向标"。掌握好这些，自然会取得意想不到的效果。

(3) 洞察客户表情

表情是客户对销售人员所说的产品或服务最直观的反应。从这个反应上销售人员可以判定客户的购买意向，然后想出最准确的销售对策，重点出击。

因此，准确判定客户的态度，正是优秀洞察力的一种体现。在销售人员把产品或服务的相关资料递给客户后，如果客户看得很专注，那么说明销售员可以大胆地往下进行销售活动了；相反，如果客户对资料不以为然，那么销售人员要好好努力；如果客户对资料或是销售人员的介绍总是报以微笑，那可能就是腼腆地拒绝了。这些知识的积累和总结，都是销售人员在工作中不断完善的，只要销售人员懂得灵活运用，必然会取得意想不到的效果。

方法二：心理洞察法

做销售，势必要和不同的客户打交道，因此，除了客户的群体心理之外，我们还要洞悉不同区域、不同习俗所产生出的心理细节。例如，销售人员应该知道，上海人精明、东北人豪爽、广东人实在等。这一点，相信广大销售员都会有深切的体会。

除此之外，销售人员还应当了解一些心理禁忌等，因为对于大部分人而言，大多在心里都会对某些言辞或某些事物有一定的禁忌。这些禁忌在销售人员看来可能并不代表什么，在客户心里却能产生很大的影响。

如果销售人员平常不注意这些心理细节的话，可能会在不经意间冒犯了客户，使快要谈成的生意付之东流。所以，在优秀洞察力的基础上，如果销售员可以注意到这一点，那么销售道路必然会越走越宽，能够赢得更多客户的信赖和喜爱！

成就感：能给男人提供源源不断的动力

我们身边的很多人，都把自己的努力仅仅局限在工作领域中，认为工作是不得已而为之的事情，没有丝毫的成就感。倘若有这种心态，销售工作一定无力为继。值得庆幸的是，男性销售员在这方面做得很不错。男性具有很强的好胜心，这就决定了男性具有征服的欲望，以及由此而来的较强的成就感。这种天生的成就感，在工作中给男性销售员提供源源不断的动力，能使他们取得更好的业绩。

男性的特质：销售会带来无上的成就感！

纵观世界销售领域，在销售大师中男性占绝大多数，原因是什么？这是因为，在销售中，男性会感受到无上的成就感！而很多女性销售员总是认为，销售不过是自己目前的一个工作，只是卖东西罢了，目的就是养家糊口。

张冬青是一位成功的保险销售员，在短短两年时间内，已经从一个底层销售员，晋级为销售部经理。在给新人开会时，他说出了这样一段话。

在人生的舞台上，我们每个人都是销售员，每个人的一生都要在"销售"中度过。不管你是王侯将相还是黎民百姓，志在安邦定国还是仅为糊口，无论你的愿望是大是小，若想实现自己的目标，都必须具备向他人进行自我销售的能力。一个人也只有通过有效的自我销售，才能实现自己既定的理想，才能取得最后的成功。

21世纪是一个经济大发展的时代，是个以多种产品销售为重心的物质消费时代，我们每个人都需要销售，同时也在从事销售。政治家要让民众接受自己的政见，演员要让观众认可自己的表演，科学家要让社会实践自己的发明创造，凡此种种，无不是戴着面纱的"销售"。一句话，我们无时无刻不在销售着自己的思想、产品、服务、感情等。

某位哲人曾说过这样一句话："每个人都因向别人销售着什么而生活。"由此可见，销售作为一门改变他人思想的艺术，是可以赖以谋生的。我们所从事的销售工作是光荣而伟大的，每一个参与其中的人都应该为此感到无限的自豪和骄傲。

销售的重要性有时甚至超过了产品本身。即使一个产品质量再好，对人们再有帮助，如果没有销售人员的工作，也无法得到广泛的认可。

这就是男性眼中的销售。他们在销售中更多的是激发自己与生俱来的成就感，而不是仅仅把销售当做工作来做。他们觉得销售是很神圣的，每一个人都应当会销售，并能从销售中学到许多东西，催自己奋进。

当然，他们自己奋进的同时也是在为社会的发展，乃至整个人类的进步作巨大的贡献。男性销售员的这种观点，丝毫没有夸大销售作用的意思。在现实生活中有很多好的例子，可以用来佐证他们的观点。

世界上第一部缝纫机问世时，人们非但不相信它的价值，还将它砸得粉碎。后来，生产缝纫机的厂家采用了销售员推广的方法，才慢慢地使人们承认它的价值并接受它。与缝纫机最初的遭遇一样，聪明的爱迪生发明了电灯之后，也没有办法说服当时固执的人们使用它；莫尔斯发明了电报，却无法让当时的人们相信电波的存在。这些推动世界进步的新生事物之所以后来能够被人们了解并接受，都离不开一个伟大的群体——销售人员。

这些事例，充分地证明了男性销售员对销售工作的理解是正确的——好的产品或某种知识在社会上的普及离不开销售人员的辛勤推广。认识到这一点的男性销售员，在工作中的成就感就会更加强烈。

销售可以为男性带来无上的成就感，这刚好与男性的天生优势相契合。男性可以利用自己的成就感，通过销售潜移默化地将自己的价值观（或产品）传递给别人，在别人接受的过程中，他们自己也会获得更大的满足感和成就感。这样，男性带着强烈的成就感进入一份工作，在渴望得到成功、渴望感受光环的动力驱使下，工作自然会越做越好。

"我热爱销售，它会给我带来成就感！"

"销售就是一种心理学，那种成功的滋味，是任何行业都无法比拟的！"

"收获无上的成就感，这就是我给销售的定义！我想成为销售行业的国王！"

当我们拥有这样的心态，敢于喊出这样的宣言时，那么销售又怎会做不好？正是这样的呐喊，使男性成了销售行业的主力军。

挑战，成就感的源泉

每一天，销售员的工作都很忙碌，总要面对新的环境、新的客户，迎接新的挑战。时间一长，有些销售员便感到了枯燥，其工作效率越来越低。尤其是很多女性销售员，会感到这份工作的无聊与空虚，最终选择了放弃。

然而，正是在这份看似枯燥的工作中，男性销售员却创造了一个又一个的奇迹。究其原因，正是因为男性的心里总装着这两个字：挑战。挑战，让自己感受刺激；挑战，让自己收获精神财富；挑战，让自己感受成就感！

"虽然有人说做销售不好，但我不这么认为。卖保险挣的钱是干净的，虽然很辛苦，但很快乐，每做成一单，我都会有很深的成就感。"某保险公司北京分公司总经理张先生如此说道。

张先生原本从事媒体工作，一次意外，让他走上了保险推销的路。2002 年，张先生的父亲生了一场大病，花了很大一笔钱。后来听别人介绍说买保险的好处，张先生就开始对保险感兴趣。2003 年初，张先生开始学习有关保险的知识，参加保险销售员的资格考试，最后进入了一家保险公司。

进入公司后，在全体大会上，公司老总的一番讲话更加坚定了张先生从事保险营销的决心。老总认为，在21世纪，汽车、住房、人寿保险将成为人们消费的新三大件，从中也衍生出教育、娱乐、旅游等需求，而保险是最基础的需求。

从此，张先生对待工作异常认真，签单率也越来越高，从中获得的满足感，是以前的事业无法比拟的。

很显然，张先生的成就感非常强烈，因此他能够迅速坐上总经理的职位。

张先生之所以能够成为成功的保险销售员，就在于他在销售的过程中获得了无尽的乐趣与满足。当有了满足感后，他会不断学习使销售更有趣、更高效的新技能，从而使成就感进一步提升。在工作中寻找挑战的刺激，从而产生成就感，这是很多女性保险销售员做不到的，所以她们的签单成功率自然低于男性。

做销售，你会面临极大的挑战，作为回报，你也会体验到极大的成就感。世上最难的事莫过于让别人接受你的思想，而做销售恰恰就是让客户接受你的思想，让他认同你的商品或服务比他手里的金钱更有价值，从而让他把很宝贵的金钱交给你，以换取你更宝贵的商品和服务。这样做的难度可想而知，而以此为职业，当然更不容易。然而，当你成功的时候，你就会体验到别人体验不到的巨大的成就感。正是这种"困难的成功"，使男性满足了巨大的心理、精神需求，因此在销售的路上越走越远。

男性的专长——将职业素质提升为成就感

无论销售行业还是其他行业，"职业素质"这四个字我们都不会陌生。职业素质是对职业道德规范的认同，比如从事了某项工作，获得了一定的报酬，职业道德规范就要求我们尽心尽力完成相应的职责，如此才能够对得起自己所获得的报酬。

每一个投身销售行业的人，自然应具备职业素质，否则必将寸步难行。这一点，在心思细腻的女性身上也有所凸显。拥有这样想法的女性销售员，大多数都会懂得职业操守，能够恪尽职守。然而与男性相比，女性显然没有进一步去拓展职业素质，因为很多男性销售员会在职业素质的基础上，创造出成就感。

将职业素质上升至成就感，这就是在销售大师中，男性比例远远大于女性比例的原因。

有一个成功的销售员，当别人问及他是如何保持高涨的成就感时，他是这么说的："既然选择了销售这个行业，那么，接下来的事情就是你要把它当做一份事业去对待，而不仅仅是一份养家糊口的职业。当有了这样的想法时，你自然就会产生无尽的动力，想要克服一个个不可能，这种成就感是单纯的工作无法比拟的。"

这就是男性销售员的特征，他们会调动全身的"好战因子"，把简单的销售工作当成伟大的事业，这样成就感必然就会大大提升。因此，相比于职业素质，由事业感产生的成就感，自然更有助于男性在销售行业的腾飞。

而从职业素质延伸到事业感，这往往是与某种价值关系联系在一起的。德国思想家马克斯·韦伯认为，有的人之所以愿意为工作献身，是因为他们有一种"天职感"，他们相信自己所从事的工作是神圣事业的一部分。

男性销售员的特长，就是能全身心地投入工作之中，而女性销售员很容易被各种情绪和琐事所羁绊。他们通过工作所获得的，不仅是物质、荣誉等外在报酬，更重要的是获得了内心的满足感和自我价值的实现。因此，他们很少计较报酬、在乎功名，他们所做的一切，只是为了追求一个完美的境界。正是在这样的境界中，男性销售员会发现自己生存的意义，感受到幸福和自我满足。

投入：男人会比女人将更多的精力投入到事业中

在事业中，投入并不是一个空洞的名词，它是一种重要的力量。拥有这种力量的人会把自己的事业当成一个小生命一样来对待，对它百般呵护，极其用心。在男人和女人之间，上帝更偏爱男人，给予他们更多的投入力，使他们能够自觉地将更多的精力投入到事业中。

男性对销售更投入

有人曾说：销售事业是只有那些懂得投入的人才能从事的终身职业。也就是说，销售工作最需要的就是投入。在工作中，一个男人即使精力不是那么充沛，个性也不是那么坚强，但只要他投入了，就可以克服这所有的一切。因此，男性在销售领域会比女性有更好的发展前途。

为什么女性做不到这一点？恐怕这与天性有关。女性的注意力总是容易被分散——在忙碌工作时，会被一段新闻扰乱思绪；在紧张的交谈中，会因为手机铃声暂时停止工作……女性总是无法投入地工作，所以无论效率还是成功率都会大大降低。

可是看看男人是怎么做的吧。让我们来赏析一个和销售无关的例子，它展现了男性在工作状态中的投入。

斯蒂芬·茨威格是享誉全球的奥地利作家。年轻时，他曾在巴黎拜访著名的雕塑家罗丹。当走进罗丹的工作室时，他看到里面有不少已完成的雕像，也有部分制作到一半的雕像。

就在茨威格想要提问时，罗丹突然像变了个人一样，穿上粗布工作服，在一个台架前停下，说："这是我近日来的作品。"

在茨威格面前的，是一座已经很精致的女神雕像。罗丹仔细端详着自己的作品，不久后便低声地说："肩膀上的线条太粗了，不好意思。"然后，他拿起刮刀轻轻地刮黏土，让线条更柔美。"这里也不太好……"

就这样，罗丹彻底投入工作之中，完全忘记了还有客人在工作室里。时而他的眼睛里流露出喜悦和满意，时而他又紧锁眉头。他捏好小块的黏土，粘上，又刮开一些。就这样，几个小时过去了，期间他没有对茨威格说过一句话。

过了好几个钟头，罗丹才放下刮刀，深深地吐了口气。正当转身要离开时，他看到了茨威格。这时候，他才恍然大悟，结巴地说："哦，天呐！真对不起，先生，我竟然把你忘记了，可是你知道……"

然而，茨威格丝毫没有生气。几年后，回忆起这段事时，茨威格依旧动情地说："我紧紧地握着罗丹先生的手，为他的失礼而感激。我亲眼看到了一个人全然忘记时间、地方和世界地工作，再没有什么比这更令人感动的了。我终于知道，一切事业成功的奥秘就是在工作中倾注投入。一个人一定要能够把自己完全沉浸在他的工作里，无论是大事还是小事，都应该集中全力，把易于驱散的意志贯注在其中。"

那些成功的男性销售员，正是销售行业中的"罗丹"。一个男性销售员在销售中越投入，那么他就会越注重从生活中的各个方面观察销售现象。慢慢地，他就会发现销售遍布于自己与其他人的每次交往中，而且，他还会注意到别人所做的销售努力，并与自己进行比较。在这个投入观察的过程中，男性销售员就会用心记取，不断提高自己的销售能力。

杜先生是上海某公司的总经理，可谓功成名就。然而，早年他家境贫寒，为了减轻家里的经济负担，上大学时他就一边读书一边帮助别人销售产品，甚至在校园里卖过文具。通过做简单的销售，他勉强度过了艰难的大学生活。

毕业后的杜先生被分配到一家县办工厂上班。虽然他在工作期间很努力，但是每个月挣得的工资还是难以维持全家人的生活开销。为摆脱贫困，他辞去了那个年代少有的"铁饭碗"，从亲朋好友那里筹措了 1 万元资金，在上海开了一间小饰品店，开始创业。

由于资金不足，杜先生刚刚开始的创业只能是小打小闹，而获得的利润仅够维持生活而已。为了摆脱这种状况，杜先生想起了自己早年干过的销售。他想，自己为什么不把销售运用到自己的生意中呢？于是，杜先生便按照做销售的方法，挨家挨户地敲门向顾客介绍饰品的好处与优势。客户享受到尊贵的待遇，因而乐于购买杜先生的饰品。当然，还有些人是被杜先生这种吃苦耐劳、顽强创业的精神所感动，才出钱购买那些饰品的。

由于那次销售的成功，杜先生获得了丰厚的利润，也享受到了经商的乐趣。因此，他充分发挥自己在销售中学得的那些赚钱经验，正式走上了经商的道路。

从这个例子中我们可以看出，做销售，男性有超强的投入。有了这份投入，男性不管做什么工作都能取得好的成就。因此，做销售的男性一定要充分利用自己的这个天生优势，将自己的优越发挥到极致。

著名的销售大师乔·吉拉德身上也体现了这种投入的精神，可以说，他对销售工作的投入恐怕是到目前为止无人能及的。尽管现在乔·吉拉德早已离开销售一线的岗位，但他仍不辞辛劳地在世界各地进行巡回演讲，传授他的营销理念。这份对销售工作相当投入的精神，使现如今已经80多岁的乔·吉拉德骄傲地认为：自己的心理年龄只有18岁。乔·吉拉德对销售事业的投入精神确实值得广大销售人员学习，更值得有同样投入优势的男性销售员去传承、去发展。

热情——男性投入力的直观体现

很多男性销售员都会发现这样一个现象：当你对销售事业失去热情，你就会无法投入，销售事业自然而然也就会走向衰退。

由此可见，热情对于投入起到了至关重要的作用。热情是销售事业所需要的投入力的直观体现，也可以说它和投入是一个性质。

对销售工作充满热情的男性，很容易把销售转化成自己的一种爱好。一旦将销售转化为爱好，你就不会介意跑客户时的路途辛苦，也不会抱怨潜在客户的拒绝。慢慢地，你会养成一种习惯——不自觉地用心观察身边的销售现象。即使在你以前认为与销售无关的时间和场合里，你也会发现销售的存在。

张科是一位非常留心观察身边事物的人。做了保险销售员之后，他利用自己专注投入的精神将保险销售变为自己的一种爱好。张科本身就有爱好观察事物的习惯，有了这份工作之后，他在销售方面投入了更多的热情，处处留心观察身边发生的销售现象。

每一天，在做好自己的工作之余，张科就会走走转转，尤其是喜欢到商场里观察销售人员向顾客推销的场景。在观察的过程中，他学到了很多的销售技巧和知识。比如，他从一个外号叫"万事通"的销售员那里学到培养不同的爱好，拉近与客户的距离的经验。这之后，他努力培养了二十多种不同的爱好，使自己在钓鱼、赛马、象棋、高尔夫球方面都很精通，以至于在遇到不同的客户时，他都能投其所好，赢得客户的好感。

最后，凭借着自己对保险销售的投入精神，张科得到了应有的回报，不仅月月销售业绩名列前茅，还被许多客户当做了志同道合的朋友。

张科对销售工作的投入精神确实值得赞扬。那些功成名就的天才销售员无不如此，他们对销售工作投入了巨大的精力，展现出了高昂的热情，全身心地工作。这样，取得丰厚的回报也是轻而易举的事。

当然，投入热情在工作中虽然是一种可贵的精神，能帮助你取得很多回报，但并不是夸张地让你 24 小时不断地把心思放在销售方面。那样一种在睡梦中都念念不忘销售的状态，是一种可怕的精神缠绕，长久下去，恐怕会使你神经衰弱的。因此，对销售员来说，投入的热情要有度，只有找到正确的适合自己的方法，才能把投入这块好钢用到刀刃上。

拥有投入精神的男性销售员还要明白，没有一开始就相当成功的先例，刚开始进行销售工作的人多数是会遭遇失败的。只有随着时间的推移，经验的积累，销售人员才能慢慢取得成就。那些没有多少热情的人会在这种一开始就有挫折的工作中打退堂鼓，而最终能够坚持留下来的人大致上有两种：一种是习惯了这种销售生活方式的人，另一种是始终有着饱满的热情的人。当然，这种充满热情的销售员最后都取得了成功。

因此，无论什么时候，男性销售员都应当在销售中投入热情，只有保持热情，才能感染客户，获得最后的胜利。

男性的投入优势：快速进入状态

连续 12 年保持世界汽车销售的最高纪录的销售大师乔·吉拉德，平均每天售出 6 辆汽车，这项纪录被载入《吉尼斯世界纪录大全》，迄今为止还没有销售人员能打破。他还被誉为"世界上最伟大的销售员"，甚至被欧美商界称为"能向任何人推销出任何产品"的传奇人物。

正因为如此，很多人都想探寻乔·吉拉德的成功之道。而他的回答就是——比别人对工作倾注更多的投入，以最快的速度进入工作状态。

立刻行动才能做好销售，这正是男性销售员的投入优势。拥有此优势的男性销售员会比女性节约很多调整情绪与心态的时间，用这多出来的时间为自己下一步的销售活动作准备。

年假很快过去了，现在又到了上班的时间。但是销售员曲俊发现路上的行人并没有往常上班时多。也许有的人还没有恢复到上班的状态，还在迷恋美好的节日吧；也可能是有的人请了长假，还在旅游当中吧。想着这些曲俊笑了，因为自己做销售这么久，每次放假之后回公司都能比那些女性销售员更快地恢复到工作状态中。

果然，来到公司后的曲俊发现，张姐还没有来，玲玲在慵懒地整理着自己新换的发型……而再看看那些与自己同样的男性销售员们，他们有的正在和客户打着电话，有的在记事本上匆忙地写着什么……曲俊感慨一声："难怪男同事比女同事多！"然后，他也开始投入到工作中去了。

在工作之余，曲俊想：对销售人员来说，时间就是金钱，自己必须有这个时间观念，以最快的速度投入到工作的状态中。而且，现在刚过完年，是一个新的开始，自己的业绩还是零，不努力快速进入状态业绩就无法提升。更重要的是，因为过年很多客户都没有顾得上联系，现在要赶紧问候一下——自己这新的一年也得指望那些老客户呢。

于是，曲俊充分发挥自己的投入优势，开始研究客户资料，分类整理产品的销售计划。

从这个案例中，我们可以看到男性的投入优势——快速进入状态，这的确是女销售员无法企及的。通过这个优势，男性可以把更多的时间和精力放在与客户的交往上，以及对专业知识的学习和积累中。而且，很多男性销售员通常都会对自己进行心理暗示："我要发挥投入的精神！必须马上进入状态。"拥有这样的心态，男性销售员怎么能不比女性取得更辉煌的成就呢？

第二章

针对不同客户，展现男人魅力

作为最佳"销售男"，自然任何客户都不会与你
为难！无论是男性，还是心思细腻的女性，抑
或老人和孩子，你都有自己的独家"武林秘籍"，
将其俘获为自己的忠实客户！

男性客户：相同的心理相同的需要

在进行销售之前，销售人员应当对客户的心理进行分析，这样更有助于"对症下药"。我们知道，不同性别和不同年龄阶段的客户有不同的消费心理，因此，销售人员不能用一种模式去对待客户，要懂得"见什么人说什么话"，这样销售才会顺利。尤其是对于男性客户，这更需要男性销售员与其进行心与心的交流。

根据自身情况对男性客户心理进行分析

相对女性销售员来说，男性销售员在面对男性客户时更有优势，因为男性销售员可以结合自身的特点来分析男性的消费心理。男性销售员要明白：通常情况下，男性消费者购买商品的范围较窄，一般多购买"硬性商品"，注重理性，较强调阳刚气质。细致分析下来，男性客户的消费心理有以下两种。

（1）目的单纯，注重实用

男性在购买商品和服务时向来目的明确、迅速果断。男性的逻辑思维能力强，注重通过各种媒体广泛收集有关产品和服务的信息，所以在面对销售人员时一般决策迅速。

与女性相比，男性通常更注重产品或服务的质量和实用性。男性购买产品或服务时，大多会出于理性而购买，注重其使用效果及整体质量，不太关注细节，比较随性。

（2）爱面子

男性销售员都知道，大多数男性都具有强烈的自尊心和好胜心，特别爱面子。因此，男性在面对销售员向他推销的产品或服务时不太注重价格问题，他们会倾向选购那些高档、气派的产品，也乐于接受那些高投资的服务。

香港一家五星级酒店的生意特别好，给每个去过那里的游客都留下了很深的印象。这个五星级酒店的门口摆着一个惹人注意的橱柜，橱柜里面陈列着来自世界各地的名酒，不过这些酒都是半瓶的，并且每个酒瓶上面都挂着一张精美的卡片，上面写着留下这瓶酒的顾客的名字。

一次，一位大陆学者到这家酒店吃饭，看到了橱柜里的那些酒，非常好奇，便问服务员这是怎么回事。

服务员微笑地将这位学者带到门口的橱柜前，原来，这些酒都是男性顾客喝剩下的酒。这些"半瓶酒"陈列在橱柜中起什么作用呢？

其实，这是酒店用来吸引顾客的妙招。原来，到这家酒店吃饭的男性顾客，大都喜欢喝价格昂贵的名酒。有时剩下半瓶，想带走又怕别人笑话，丢掉又十分可惜。酒店摸透了顾客的消费心理，就想出了一个妙招：在酒店门口设立了一个大橱柜，专门陈放顾客喝剩下的半瓶酒，并将顾客的名字写在一张卡片上，等待顾客再次就餐时使用。此招就像磁石一样，吸引着顾客慕名而来，酒店的客流量越来越大，生意逐渐兴旺起来。就这样，饭店既满足了客人爱面子的心理，又为自己赢得了更多的客人。

男性天生都"爱面子"，特别忌讳别人说自己小气或所购产品"不上档次"。因此，销售人员摸透了男性客户的这一点心思后，在销售时可以把他与同等地位的客户进行比较，这样销售就会顺利许多。

除了以上两点外，还应当注意一下别的细节。

男性销售员都知道，一般来说，男性都比较注重保障。因此，销售员在面对男性客户时，要强调自尊和责任心，强调生活的品质。同时，我们还要记得：男性客户不喜欢啰唆的销售员，这与男性销售员回到家里不喜欢听家人唠叨是一样的心理。因此，推销过程要尽量简化，产品的解释要简短明了，不要让男性客户觉得麻烦，这样客户才会表现大方，富有男性风度，进而给销售员签单增加成功的筹码。

寻求并制造与男性客户的共同点

俗话说：物以类聚，人以群分。由此可见，人们大都喜欢和自己相同或类似的人打交道。和自己的相似点越多，越容易成为朋友，越容易沟通，这就是人际交往中的相似法则。因此，销售人员如果在与客户接触时能找到并"制造"出彼此的相似点，那么就更容易赢得客户的好感。

有一位销售经理应约来跟客户谈业务。在办公室等待客户时，这个经理看到客户书架上有很多中国古籍，尤其关于《道德经》的书籍特别多。恰巧在上学期间，他对《道德经》也有一定研究。于是，在与客户聊天的过程中，他说自己有读书的爱好，尤其是喜欢读《道德经》。客户一听就来了精神，说他也最喜欢老子。于是两个人就从老子谈到业务，而且还谈得忘了时间，大有相见恨晚的感觉。晚上，他们还一起吃了饭。

那位客户对这个销售经理留下了深刻的印象，最终两个人成了朋友。又经过几次沟通后，这位销售经理顺利进行了签单。

正是这位销售经理善于寻找自己与客户的共同点，才打开了交谈的思路，赢得了客户。当然，与客户找共同点要切合自身实际，不要牵强附会，否则只会适得其反，让客户觉得你不懂装懂。对于不懂装懂的销售员，客户是非常反感的，甚至给其贴上"不诚实"的标签。

那么，如果我们没有在第一时间发现共同点该怎么办？不用急，这时我们可以"制造"共同点，这样会使那些久攻不下的顽固客户产生动摇。这种方式，正是很多男性销售员在面对男性客户时，频繁采用并取得良好效果的招数。

顾一平是一位保险销售员。有一次，他去拜访一家企业的老板，但是他用了很多办法，都没能见到老板。

不过，顾一平没有气馁，决定来一场"攻坚战"。有一天，顾一平看到一个员工从该老板公馆的另一道门走了出来。他想自己可以从员工这里间接地了解到该老板的一些事情。

顾一平朝那位员工走去，并热情地说道："朋友，你好！我前几天见过你的老板，觉得他的衣服既干净又平整，所以就想问一下，你老板的衣服都由哪一家洗衣店洗的呢？"

员工说："从我们这里向前走过去，走50米有个路口，从那里向左转你会看到一家洗衣店，那就是了。"

"谢谢你，那你知道洗衣店几天会来收一次衣服吗？"

"这个我不太清楚，大概三四天吧。"

谢过这个员工，顾一平来到了洗衣店。他顺利地从洗衣店店主口中得到老板西装的布料、颜色、式样，以及这位老板的领带、皮鞋的搭配风格，还进一步了解到他的喜好。顾一平是想先创造与这个客户的共同点，然后等待与他见面的时机。

终于有一天，机会来了。顾一平穿上事先准备好的西装并打上与那位老板同一花色的领带，从容地出现在他的前面："老板，你好！"

如顾一平所料，这个老板先是大吃一惊，然后有些欣赏地打量着顾一平。当听完顾一平的介绍后，他自然请顾一平走进办公室。两个人对西装进行了一番讨论，老板发现这个年轻人的审美居然和自己一样，因此不免对他充满了好感。

虽然，最终这位老板并没有购买顾一平的产品，但他将顾一平当成了"小老弟"。后来在这位老板的引荐下，顾一平与另外一位顾客谈成了单子。

由此可见，为了赢得男性客户的好感，我们有必要在交往或服务过程中积极创造条件，努力寻找或培养与客户的共同点。有了共同点双方才会有惺惺相惜之感，才会有进一步交流的欲望。尤其是那些进行大笔交易的男性销售员，制造这种共同点是非常必要的。如果你的客户对茶道颇有研究，那么你不妨去学习一下；如果你的客户擅长马术，那么你应该多了解这样的知识，甚至自己去尝试几次。相比较一宗数万甚至上百万的单子，这样的"牺牲"是值得更是必须的。

设身处地地为男性客户的利益着想

设身处地地为男性客户考虑，就是要学会换位思考，与男性客户保持同一心理。虽然人常说买卖不同心，但是客户购买产品和服务后难免会遇到问题。当客户找上门时，一个销售员只站在自己的立场上说话，难免会得罪客户。特别是对于男性客户，他们极其反感那种只顾自己，甚至企图用谎言掩饰失误的销售员。

如果销售员能够站在客户的立场上与客户保持同一心理，就会与客户建立起比较和谐的人际关系。通过换位思考的方式能跟客户建立和谐的人际关系，在以后的业务上将更加顺风顺水。

这与现代销售讲的"双赢"是同一个概念。一个优秀的男性销售员懂得如何把自己的利益与男性客户的利益联系到一起。传统的销售观念认为，销售就是销售人员将产品卖给客户，以实现产品的价值。但在优秀的男性销售员看来，这种观念已经不适应现在经济的发展了，因为那种销售只注重销售人员的利益，而漠视了客户的利益。现代的销售观点认为，销售是一个双赢的概念，销售人员和客户都应该获得自己所需要的利益。尤其是男性客户，对此看得很重。

这就是为什么在销售中，有些销售人员总是表现得很被动。因为他们习惯站在自己的角度看问题，在潜意识里只想着客户购买一件产品他能从中获得多少利益，而没有为客户考虑，这样的销售员是不会取得很大成就的。

所以，一个优秀的男性销售员应该利用自己的优势，发展与男性客户的共同点，结合自身条件来设身处地地为客户考虑。具体的做法就是弄清客户最关心的事，了解在与客户的业务中涉及客户切身利益的内容是什么。这需要对客户进行详细的调查，当遇到客户询问与自己切身利益相关的问题时，销售人员应当提供十分详细的解答。

李明是某房产公司的销售员，正在为一个客户买房作谋划。该客户想为自己独居的母亲买一个大一点的房子，价格不是问题，关键是要让老人住着舒服，感觉清静。针对这一点要求，李明开始作相关的准备。

首先，李明了解到，该客户是家中独子，在一家电脑科技公司上班，工资水平一般，父亲几年前去世了，母亲因为跟儿媳生活观念和方式不同，所以不愿与客户同住。其次，李明又了解到老人喜欢跳秧歌。

有了这些信息，李明给客户的建议是：买小户型的房子，这个房子是在一个老年住户比较多的小区。理由是：老年人害怕孤单，买大房子更会增添老人的孤独感；而老人多的小区，可以让老人出来一块娱乐，这有益身心健康；再说，老人年纪较大，大房子打扫起来也颇为费力。更重要的是，老人养了一只小狗，而这个小区门口恰恰就有一家宠物医院，这样也避免了给小狗看病时的舟车劳顿。

这些建议让客户很满意，因为这不仅给客户节省了资金，还为客户作了最充分的考虑。因此，客户自然与李明顺利签单。

销售员必须真正给客户带来利益，才能让客户感受到自己得到的实惠是真实存在的，才能让客户满意。因此，男性销售员必须将销售当成一项事业来做，而不是买卖。做事业是长期行为，而买卖是短期行为，长期行为往往能够赢得客户的信任，最终实现与客户的双赢。对于男性客户来说，他们更喜欢长久合作，所以能够设身处地地为男性客户着想，他们会提升对你的好感，从而提升这一次、下一次乃至未来的每一次签单的成功率。

作为男性销售员，要时刻告诉自己：伟大的销售人员都认为销售是在与客户创造共同价值，所以设身处地地为男性客户考虑是很有必要的。因为，男性客户通常都比较干脆、直接，一旦觉得在销售员的业务中无利可图，他们就会对销售员提供的产品和服务不屑一顾，那么销售员所做的工作就失败了。

女性客户：男人比女人更了解女人

有句话说："男人比女人更了解女人。"男性是理性动物，女性是感性动物，相对来说，男性在看问题时会更加理性、客观。因此，男性销售员在分析女性客户时，也会有很大的优势：不仅不会轻易触犯女性客户的禁忌，还能做到投其所好，用理性进行分析，从而让女性客户更加满意。

对女性客户心理了如指掌

大多数男性销售员都明白，女性客户具有非常强的自我意识和敏感性，内心世界经常难以捉摸。这样的客户会把女性销售员同化，因为女性都有那些相似的特点，结果双方易出现摩擦，导致交易失败。而男性销售员则相对来说比较冷静、客观，会控制自己的情绪，对女性的这些心理变化了如指掌。

据男性销售员分析，一般来讲女性客户有以下心理特点。

(1) 感情用事的消费心理

感情用事是大多数女性的特点，她们在看待事物时，大多没有很强的是非观，而是凭自身的感受行事。下面这个案例，就充分表现出了女性的这一特质。

一位女性站在日用品柜台前，和男朋友发起了脾气："谁让你买这瓶洗发水了？你看那个导购的样子，我不喜欢！"

男朋友委屈地说道："东西好用不就好了，干嘛纠缠人家什么样子？再说，人家说得也挺好啊。"

女朋友发火道："你懂什么，他和谁都是那么说！反正我就是不要这个！再说瓶子这么难看，肯定不好用！"

不得已，男朋友只好把那瓶洗发水放回了货物架上。

所以，与女性客户接触时，首先要把握好自己在她眼中的形象是否能得到她的好感，其次要能以情动人，不要把推销搞得那么复杂，要以干脆、利落的姿态进行推销。这样会让女性对你的男性魅力产生一种近乎崇拜的感觉。

(2) 追求廉价消费的心理

与男性客户好面子、不在乎价格相反，女性更看重产品或者服务的价格优势。通常情况下，就价格问题女性客户会"价比三家"。她们往往会针对自己的生活需求进行谨慎的决策，即使下定了决心，还会比较一下同类产品和服务的价格，经过一番斟酌比较后，往往会选择价格最便宜的。

（3）嫉妒攀比的消费心理

女性大都有嫉妒心理，追求时髦，爱攀比。利用她们的这种心理，男性销售员不妨"八卦"一下，说某某女士使用了我们的产品和服务之后有了怎样的效果，这样更能刺激女性客户的购买欲。

销售员："小姐，您不妨看看这款面膜。"

"不用了，我家里有很多面膜了。"

"小姐，这款面膜是××明星强力推荐的，效果会比其他品牌好很多。您可以看看那位明星的微博，有一次她就赞扬了我们的产品。"

"真的？那给我拿一套，我试试吧。"

(4) 斤斤计较的消费心理

女性喜欢斤斤计较，不仅体现在消费方面，在生活的许多方面都有体现。所以，男性销售员一般都懂得忍让，懂得如何说话、做事才能让女性客户感觉到自己"占便宜了"。能够做到这一点，就是男性销售员比女性销售员的高明之处。例如，当女性客户想要你赠送一个小礼品时，你不妨大方地拿出一件小礼物。虽然那个东西并不值钱，但能立刻打动女性的心。倘若女性客户说话有些刻薄，你也不必放在心上，因为女性向来"刀子嘴豆腐心"，只要产品她满意，那么吃点小亏也无妨。

(5) 犹豫不决的消费心理

做事犹犹豫豫、缺乏果断是大多数女性的固有心理。即使是自己看好了、满意的东西，女性也要犹豫好半天，思考要不要买。所以，男性销售员一般会加强攻势，或者选择耐心等待。

嘴巴"活"一点，拉近与女性客户的关系

由于有以上种种消费心理，女性客户通常被认为是比较难搞定的客户。因此，针对女性心理，销售员应当注意自己的外表形象，力求给她们留下很好的"第一印象"，同时还要善于调节气氛，打消女性客户的戒备心。这需要男性销售员充分发挥自己的个人魅力，用轻松幽默的语言和女性客户交流，展现出自己的男性魅力。男性销售员不能低声下气，那样会让女性产生反感。

当然，与不同的女性客户进行接触时，不能一概而论，要因人而异，具体问题具体分析。应付不同的女性客户，应采取不同的推销方法，而且要运用得十分恰当，但大致上可以通过以下几种方式拉近与女性客户的关系。

（1）用幽默风趣博得女性好感

聪明的男性懂得用幽默感去俘获女性的芳心，优秀的男性销售员同样也懂得用幽默拉近自己与女性客户之间的关系。

在与女性客户接触时，幽默是必不可少的"调味剂"。因此，在拜访女性客户的过程中，销售员可以巧妙地运用幽默，使紧张的空气变得缓和，严肃的话题变得轻松，那么与女性客户间比较棘手的问题也就容易解决了。

（2）对女性进行由衷的赞美

有一句话说得好：爱听赞美，这是女性的天性。适当的赞美可以让你的女性客户感到高兴，然后她就会很乐于听取你的推销。因此，在面对女性客户时，男性销售员要尽量找出她的优点去赞美，拉近与她的距离，让自己的销售更有感染力。

比恩·崔西是美国图书行业最著名的推销高手。他曾经自信地说过一句话："我能让任何一个人买我的图书。"

比恩·崔西的自信源于他有一个秘密武器：赞美顾客，拍顾客的马屁。

有一次，比恩·崔西在向一位气质高雅的女士推销图书时，遭到了这样的冷遇："我知道你们这些销售员很会奉承人，专挑好听的说，不过，我不会听你的鬼话的，你还是节省点力气吧。"

听了这位女士的话，比恩·崔西没有生气，而是平静地说："美丽的女士，看来您真的遇到过很多销售员。的确，销售员总是专挑那些好听的话来使人们高兴，进而让人们买下他们的产品。我承认，这样的事我也做过，只不过像您这样的顾客我很少遇到，因为您很有主见，不会轻易受别人左右。"

话音刚落，比恩·崔西就已经发现，那位女士似乎没有刚才那么抵触自己了。紧接着，比恩·崔西又一一回答这位女士提出的问题。

经过一段交谈之后，比恩·崔西已经消除了这位女士的戒备心理，然后开始高声赞美道："您的形象给了您很高贵的个性，您的语言反映了您有敏锐的头脑，而您的冷静又衬托出了您的气质。"这样的谈话又加上这样的赞美，让女士很开心地笑了，自然也就很爽快地买了他一套书籍。后来，她还多次从比恩·崔西这里购买图书，因为她觉得这位销售员太有特点、太能打动自己了。

当然，赞美女性客户的确会对自己的销售有帮助，但是赞美也是有禁忌的。对女性客户的赞美千万不要言过其实，否则她会认为你在欺骗她。因此，一个有分寸的男销售员，在赞美时要懂得一些技巧，要遵循一定的赞美原则。

　　◎把赞美别人当成一个好习惯。这不仅仅是对于女性客户，对任何人你都要有赞美的习惯，有了这个习惯你才能得到更多人的好感。

　　◎赞美女性时一定要真诚。聪明的销售男都明白，发自内心的赞美才能打动女性客户的心。虽然女性都喜欢别人赞美自己，但虚假、奉承的赞美并不是真正的赞美，再盲目的女性也懂得这一点，所以销售员在赞美客户时切记：一定要真诚！

　　另外，细心的男性销售员还懂得留意女性客户不被他人关注的优点，然后指出并放大，因为出其不意，更易得到女性客户的好感。

　　张玉功是一家饰品店的老板。这天来了一个20出头的姑娘，但挑来挑去都没有选好饰品。张玉功注意到，这个姑娘的眉毛很别致，于是拿出了一款睫毛夹说："小姐，为什么您不看看这款睫毛夹？您的眉毛很漂亮，但还需要睫毛去配合。"

　　"是吗？"那位姑娘惊讶地说，"我好像从来都没有注意到。"

　　在张玉功的建议下，姑娘拿起睫毛夹试用了一番，发现张玉功说得果然没错。于是，她掏钱买下了这款睫毛夹。

　　赞美是一种能力，男性销售员一定要用欣赏的眼光去看待自己的客户。而且，赞美是一种积极的精神，只有善于发现客户身上的优点的销售员，才会更加愿意在工作中为客户提供服务和帮助。

（3）投其所好，维护女性自尊

女性经常被看做是弱势群体，所以在生活和工作中有很强的自尊心，希望别人尊重自己的能力。了解到这一点，销售员就应该想办法让女性客户觉得，你和她是站在同一位置上的，只有在这一点上引起她的共鸣，才能作好双向沟通，并消除女性客户心中的防线与不信任。

肖容是一家科技产品公司的推销员。他的公司主要销售用于养殖场的新式采光设备。

某天，肖容来到一家养殖场，但还没说话，就被户主老太太关在外面了。

肖容很无奈。突然，他想到了办法，就再次叫开门。他从老太太打开的一条门缝中热情洋溢地招呼道："我不是来推销产品的，我只是想要买你的鸡蛋。"

老太太露出了半信半疑的神情，并不怎么相信。肖容诚恳地说："我看见您养的鸡很不错，准备买一些鸡蛋回去烘蛋糕用。"肖容的话，让老太太放下了戒备，打开门问他为什么跑这么远来买鸡蛋。

肖容看了眼老太太的鸡蛋，不慌不忙地说："买棕色鸡蛋做出的蛋糕才松软可口，而别处就只有白色鸡蛋。"肖容接着向老太太讨教养鸡的经验，并夸赞老太太养鸡的收入很高，胜过她丈夫的收入。

肖容夸赞老太太养鸡能力好的话，自然让老太太感到很舒服，于是热情地让他进去参观鸡舍。这时肖容才缓缓深入到主题，他告诉老太太，鸡舍里安装新式采光设备会提高鸡蛋的产量。此时，老太太最初的反感已荡然无存，显然被他说服了。

两周后，肖容如愿以偿地上门来为老太太安装采光设备。

肖容之所以能成功，就是他懂得投其所好，知道夸老太太养鸡能力好，收入比她丈夫的还高，很好地维护了老太太的女性自尊。男销售员就应该这样，能屈能伸、乐观大气。销售员如果能投其所好，维护女性客户的自尊，就能拉近与她的距离。

（4）抓住女性客户的母性心理

男销售员在向女性客户销售的过程中，利用共同的话题与其建立和谐关系是很重要的。与客户建立和谐关系的重要目的是让客户喜欢你、信赖你，并且相信你的所作所为是为了他们的最佳利益着想。

所以，在与女性客户的谈话中，销售员不妨多谈女性感兴趣的话题，如衣着、服饰、流行趋向、先生及小孩，了解她的喜好。对于已婚女性尤其要讲到她的孩子，利用女性的母性心理，有时候会让销售进行得更加顺利。

有一次，王东到一位客户家里推销 CD，接待他的是一位家庭主妇。看到家里有一个小女孩，王东对这位家庭主妇说的第一句话就是："您就是女主人啊！您真年轻，实在看不出已经有孩子了。"

女主人笑了笑，说："你没看见，快把我累垮了，带孩子真累人。"

王东说："是啊，带孩子的确很累。在家我妻子也老抱怨我，说我一天到晚在外面跑，一点也不尽当爸爸的责任，把孩子全留给她了。"

女主人深有同感地说："就是嘛，你们男人就知道忙外面的事。没看出来你也有孩子了。"这时，女主人已经有些跟着王东的思路走了。

王东跟着说："是啊,已经差不多要上小学了。您的孩子几岁了？真漂亮！快上幼儿园了吧？"

"是呀,今年下半年上幼儿园。"

"孩子长得挺可爱的。孩子在慢慢长大,他们的教育与成长就成为我们做大人最关心的事情了,我们都是望子成龙,望女成凤啊。我每隔一段时间就会买些这样的 CD 放给他们听。"

说着,王东就取出了自己所推销的产品——幼儿音乐 CD,没想到客户反应很强烈："我早就想买了,天天让孩子爸去,可他天天都借口忙！一共多少钱？"然后毫不犹豫地买了一套。

这让王东很高兴,但高兴之余,王东明白这是由于他利用了客户爱孩子的心,才使自己与她建立了良好的信赖关系。

女性是很感性的,了解了女性客户的心理,你就会发现,有时候销售就这么奇怪,看起来很难的推销,只要你抓对了关键点就能很顺利地取得成功。所以,多去揣摩女性,多去分析女性的购物心理,那么这块"难啃的骨头"一定会被轻松拿下！

老年客户：
男性的细心和尊重更容易打动老人

有一种观点说得好：对待老人就要像对待自己的孩子那样，需要我们给予他们更多的细心和关爱。当然，由于他们是长辈，我们不能对其说话、做事太随便，还要注意对他们保持尊重。所以，作为一个男性销售员，在与老年客户打交道的时候，你就不得不注意这些问题。

分析老年人的消费心理

作为一个男性销售员，如果在客户面前极其细心，这是很容易打动人心的，尤其是在缺乏关注、常常感到孤独的老年客户面前。那么在工作中，一个好的男销售员用自己的细心分析出来的老年人消费心理是怎样的呢？这里就为大家罗列一些。

（1）注重寿命的增长

中国人都比较注重"长命百岁"，随着现代医疗水平的提高，人的预期寿命大大增加了。因此，老年人很注重的就是寿命增长的问题，如果销售人员所推销的产品和服务是涉及老年人养生长寿的，那就会很受老年人喜爱。当然，在推销时谈及一些老年人感兴趣的养生长寿话题，也能拉近与老年客户的心理距离。

（2）渴望生活的安逸

随着我们国家国民经济的增长，人们手中的金钱越来越多了，其中老年人拥有了相当大的一笔财富。拥有财富的老年人更加渴望劳累了半辈子的自己，能在晚年生活得更加安逸一些。这就为销售员创造了帮助老年人解决各种生活问题的机会，如何将自己的产品和服务与老年人渴望生活安逸的心理结合起来，就要看销售人员自己的能力了。

（3）顾虑物品的价格

老人："这件棉衣多少钱？"

销售员："很便宜的，才600多元！"

"太贵了！600多元能买多少东西啊！"说完，老人摇着头走了。

老年人虽然占有国民经济中很大一笔财富，但勤俭节约是人们的一种生活习惯，对于坚持了半辈子这种观点的老人来说，这种观点更是难以更改的。因此，销售人员与老年客户进行沟通时，一定要突出自己的产品或服务价格低廉。

（4）关注新奇的事物

男性销售员在与老年客户接触的时候，惊奇地发现，老年人对新事物的好奇有时候不亚于孩子。因此，在销售的过程中，销售员不妨也点明一下自己的产品或服务的新奇之处，以及其切合老人实际情况的特点，让老年客户更加感兴趣。

销售员："老人家，尽管您对收音机并不陌生，但您不知道的是，现在的收音机功能已经很强大，除了可以听电台节目，还能听 MP3 音乐、戏曲，只要下载下来，您什么时候听都可以，非常方便的。此外，这款多功能收音机还有自动报时的功能，这样您晨练的时候就可以知道现在几点了！"

老大爷听完，激动地说："真不错，我这就让儿子来买！"

男性的礼貌和尊重让老年人更看重

每一个销售人员都要明白这样一个道理：你的收入来源于客户，你的工资是客户给的，而不是老板发给你的。所以，每一个销售人员都应该抱着这样的态度去服务于每一位客户，尊重客户。

成熟的男人懂得尊老爱幼，有很强的社会责任感。因此，优秀的男性销售员在面对老年客户时必须做到这一点。因为在社会中男性一直是强者的象征，所以一个男性给予别人的尊重就显得极其可贵。对于年长的老人来说，他们更看重的也是男性销售员的礼貌和尊重。

那么，男性销售员该怎样做才能使老年客户体会到自己被尊重呢？首先，在言行举止上要小心翼翼；其次，就是在其他细节上体现自己对老年客户的尊重之意。具体而言，可以从以下几个方面着手。

（1）面对老人，衣着得体

对老年客户的尊重，从第一印象上开始。西装革履加公文包是大多数男性销售员约见客户时的一贯形象，不过也有例外——你的着装如果与对方反差太大，也会使对方不自在。所以，面对老年客户，男性销售员应当以亲切、自然为主，让他们觉得看到销售员就好像看到自家孩子一样。这样，既能体现对客户的尊重，又可以拉近双方的距离。

两位老人在两家暖气销售店门前争论了起来。老公公说："我要在这一家买！"老婆婆不理解地说："为什么要在这家不在那家？"

老公公解释道："你没看到，这家的销售员穿的衣服很整齐吗？哪像那一家销售员，穿得那么邋遢，一看就不是好人，虽然东西便宜，但质量肯定不行！"

老婆婆听完，觉得老公公说得没错，于是就尊重了他的意见。

（2）尊重老人，面带微笑

微笑是气氛的调节器，是拉近人与人之间心理距离的法宝。因此，男性销售员在与老年客户交谈时，一个亲切、热忱的微笑，就能让老年客户放松心情，也更容易让他们感觉到你的重视与尊重。很多时候，老人的第一感觉甚至比年轻人还要强，当看到销售员面露微笑时，他立刻会觉得温暖。

（3）关爱老人，不磨时间

由于年龄问题，老年人的身体状况大都不太好，生理机能也与年轻人不同，很容易疲乏，精神不集中。清楚这一点，男性销售员在与老年客户谈话时就不要口若悬河、滔滔不绝。销售人员要为老年人的身体着想，尽量以最简单明了的语言讲清楚自己要表达的内容，不去磨时间。这样，不仅不会引起老年人的反感，还让他们觉得"这个销售员极其细心，对自己也极其尊重"，当然，他们在业务上也就更信赖你。

男性拉近与老年人距离的诀窍——耐心倾听

做一个善于倾听的男人很重要，善于倾听别人的谈话，能够帮助你抓住对方的本意，领会其要旨，进而更好地回答对方的提问，解决对方的问题。

但凡在事业上取得成功的杰出的男士，都善于倾听他人的意见，因为他们懂得倾听的重要意义和作用。所以，作为一个成功的男性销售员，不仅要会"说"，更要会"听"。

男性销售员在懂得"听"的艺术之后，在面对老年客户时将会更有优势。因为老年人普遍具有孤独感，有爱唠叨的习惯，喜欢回忆，喜欢与人分享自己的人生经验。抓住这一点，男性销售员就可以发挥自己的优势，做一个耐心的倾听者，进而拉近与老年客户的距离。

一个保险销售员去向一位老退伍军人推销保险。谈话期间，这个销售员发现，老军人特别爱讲他当兵时候的事情。原来，老人的老伴几年前去世了，儿女又都忙于工作，没有时间陪老人说话，老人觉得很寂寞。忽然，保险销售员来了，老人终于逮住了说话的机会，于是就侃侃而谈起来。

得知老人的这些情况后，保险销售员并没有速战速决地跟老人谈保险的事，而是耐心地倾听老人讲那些往事。就这样，这位保险员用倾听拉近了与老人的心理距离，做到了对老年人的尊重，也最终赢得了保险业务。

"听"是交流的另一半。注意倾听和善于倾听的人，永远是深得人心者。

善于倾听的人总是善于理解和沟通。当一个为成功而喜悦的人面对一个微笑着的倾听者时，他会感到这个倾听者是理解他的；当一个因失恋而愁眉苦脸的人面对一个表情凝重而专注的倾听者时，他心里也会有一些安慰。

一个销售员在面对客户时做个好的倾听者，可以使客户产生被尊重、被关切的感觉。当客户发觉自己可以在销售员面前畅所欲言地表达自己的要求和意见，并得到对方真诚地倾听时，他们首先会感到自己的心理需求被满足了，从而会对销售员及销售的内容更加的关注。

世界知名的成功学家戴尔·卡耐基曾经说："在生意场上，做一名好听众远比自己夸夸其谈有用得多。如果你对客户的话感兴趣，并且有急切想听下去的愿望，那么订单通常会不请自到。"管理学专家南希·奥斯汀和汤姆·彼得斯也曾在《追求完美》一书中说过：有效的倾听可以使销售员直接从客户口中获得重要信息，而不必通过其他中间环节，以免消息在传送的过程中出现误差。

所以，男性销售员要认识到，在向客户销售产品或服务的过程中，你对客户谈话是在向客户传递信息，而倾听客户谈话是在主动地接受信息。其实，销售工作就是这样一个销售员与客户之间有效互动的过程。销售人员在接收到客户的一些信息后，可以仔细分析，然后为进一步的销售作准备，而在跟老年客户交流时尤其要注重倾听这个环节。

在倾听老年客户讲话时，如果销售员流露出厌烦的表情和动作，那么销售员也就可能失去这个老年客户了。所以，做一个好的倾听者是需要懂得一些技巧和方法的。

（1）用心倾听客户谈话

倾听的第一步就是准备一颗认真的心。只有销售员认真、用心倾听客户的谈话，才能与客户实现有效沟通。因为聪明的男性销售员都知道，没有哪个老年客户愿意与漫不经心的销售员打交道。

（2）不随意打断客户谈话

在谈话中随意打断别人是一种非常不礼貌的行为，除非是十万火急的事情发生了，否则千万不要随意打断对方。即使那个老年客户的谈话内容相当琐碎无聊，作为对老人的尊重你也要倾听下去，因为你面对的是一位长者，一位决定你业绩好坏的客户。

（3）对客户作出及时的回应

在倾听老年客户谈话时，销售员千万不要一味地"听"，那样会让老人觉得你是在敷衍他。你要时不时地对客户的话作出回应，即使是简单的点头、微笑也可以让客户有受重视的感觉，这样才能进一步拉近与客户的距离，有助客户最终签单。

总而言之，老年客户是一个比较特殊的客户群体，他们既有男性注重实用的特点，也有女性心思细腻的特征，所以销售员必须特别注意。只要销售员发挥优势，同时注意好言行，那么自然会取得理想的销售成绩。

少儿客户：用男人的酷和帅虏获少年男女

一个男人的容貌是天生的，再怎么打扮也不可能有太大的改变，然而，一个男人的仪态却是可以塑造出来的。这就要求男人要懂得塑造自己的形象，因为形象可以反映出自己的内涵。这种内涵，在少男少女的眼中可以用"酷"和"帅"来形容。因此，一个男性销售员在面对少年客户时，不妨用自己的酷和帅来俘获少男少女的心吧！

男性销售员给少男少女的第一印象很重要

人与人的交往，往往很看重第一印象，因为第一印象会在一个人心中产生很大的影响。虽说我们不能用第一印象去评判一个人，但是在销售领域，客户总是习惯凭第一印象来评价一个销售员的好坏，并以此决定自己是否要继续和这个销售员打交道。例如，进入一位潜在客户的办公室时，你给他留下的印象在很大程度上会直接决定你受到的待遇。如果你在第一次留下了一个不好的印象，想再改变客户对你的评价，那就必须付出很大的努力，否则很难改变。

所以，拥有良好的气质的销售人员，容易在第一印象上赢得客户的肯定，从而有效促进销售成功。尤其是那些正值青春时期的少年，他们更会用"帅"、"酷"等作为标准来衡量一个人。过于邋遢、不修边幅，会引起少男少女的耻笑。当孩子们看到一个形象不佳的男性销售员时，他们会直接表现出自己的不满情绪，使销售员陷于尴尬的境地。

相反，一个男性销售员如果衣着得当、言行得体、满面自信地站在孩子面前，会马上在孩子心中留下一个"酷帅"的形象。接下来，他们就会用一种近乎崇拜的心理来听取你的推销。

"妈，你让我去那家买吧！"

一个16岁的女孩，在一家商场前和妈妈撒娇地说。妈妈不解地问："为什么呀？妈妈给你挑的那一件不好吗？"

女孩说："你看那个销售员，自己穿得就不像样子，哪有那家销售员穿得帅？自己打扮得就土里土气的，卖的衣服又能好到哪里去？你再看那一家，销售员就像男模特一样酷，衣服肯定好！"

这则小故事就是在提醒男性销售员：在孩子的世界里，很多事情都是很简单的，你要把握好这个简单的细节。心理学研究表明，一个人对其他人或事物在7秒钟之内的第一印象可以保持7年。所以，你在孩子们心中的第一印象一旦形成，就很难改变。因此，为了避免你的糟糕形象让一个单纯的孩子记住7年，你就要好好地塑造自己在少儿客户眼中的"酷帅"形象了。

男性销售员吸引少男少女的闪光点

销售人员经常要与各种各样的人交往，得体的穿着和必要的修饰是对客户尊重的一种体现。如果一个衣衫不整、邋里邋遢的业务员向客户推销东西，那么他的水平再高、能力再强，也会给人留下不好的印象。

试想，在大人们的眼中形象都不好的销售员，在孩子眼中又会是个什么形象呢？孩子的眼睛和心灵更容不下污浊。事实上，单看形象，孩子就能否定一个男性销售员的一切。既然一个男性销售员的形象在一个孩子眼中能有如此巨大的作用，那么销售员如何才能更好地从形象气质上着手俘获孩子们的心呢？不妨从下面这些细节入手吧。

（1）仪态大方，注重仪表细节

成熟的男人重视自己的外表。他们留最适合自己的发型，下巴干净，面部不油腻，不留长指甲。衣服不一定要名牌，但整洁大方。他们绝不会穿黑皮鞋配白袜子，然后穿着西服去旅游。

所以，每个经常出去见客户的销售员都知道，保持自己的面部干净整洁，是对客户的一种尊重，也是在客户面前建立良好形象所必需的。因此，一个想要用"酷帅"赢得少儿客户好感的男性销售员，就不得不在自己的面部及衣饰方面下工夫了。

作为保险推销的大国日本，有这样一句广为流传的话：要成为第一流的推销人员，就应先从仪表修饰做起。千万不要小瞧仪表着装的作用，因为销售员出去跑销售，最先让人看到的就是自己的服饰，这是构成第一印象的最重要的因素之一。

小川一郎来到一家幼儿园，推销一种铅笔。老师向孩子们问道："大家喜欢这款铅笔吗？"

"不喜欢！"孩子们一致回答道。

老师很惊讶，问道："为什么？"

一个孩子怯生生地说："那个叔叔的腿一直在抖，看起来好可怕……"

还有一个孩子说道："叔叔的胡子好乱，看起来不像好人……"

孩子们的话，让小川一郎满脸通红。他窘迫地鞠了个躬，然后悄声离开了。

如果你的外表不被人信任，那么你就没有办法进一步推销你的产品或服务了。尤其是面对心理比较敏感的少儿客户，一定要注意好自己的仪表着装。

著名的销售员富兰克·贝吉尔也在其所著的《我怎样成功地进行推销》一书中写道："初次见面给人印象的90%来自服装"。所以，推销人员应该懂得善于使自己的仪表服装成为引起少男少女注意的闪光点。但也要注意，绝对不能以奇装异服取胜。

下面是一位成功男性销售员介绍的仪表着装基本知识，我们不妨参考一下。

仪态大方，就要求销售人员以自然亲切的形象出现在客户面前。男性销售员在面对少儿客户时的一些仪表小细节也能增加自己的"酷帅"。这些小细节包括：

◎尽量穿西装或轻便服装，要让孩子感到亲切；

◎穿与公司形象相符的衣服，让孩子们产生一种庄重感；

◎不要佩戴太多耀眼的装饰品扰乱孩子的审美观；

◎领带与西装、衬衫搭配得体，保持清洁；

◎皮鞋表面保持干净。

只要做好这几点，相信我们给孩子带来的第一印象一定是和蔼的、能够接近的。

（2）注意风度

风度是人们眼睛所最先接触的，是一种由内而外的形式美。从风度的好坏，常可以看出一个人的修养程度，而且也可以部分地看出一个人的美丑。所以，面对喜欢以美丑来评价别人的少儿们，男人们就更应当保持风度。

每个男人所拥有的风度是不一样的，不能强求一律，因为风度是由一个人的性格、气质等多种因素所决定的。但总的来说，一个男人要想保持一种让人们喜欢的风度，首先就要有开阔的胸襟。唯有真正地拥有宽广的胸襟，才可以让自己看起来成熟而稳重，更能获得人们的信赖。用风度赢得少儿客户的信赖，也是一个男性销售员的魅力所在。

一位妈妈带着孩子去买文具。走到一家文具店前，孩子却死活都不愿意进去。妈妈问道："为什么不在这家买？你以前不是很喜欢来这里吗？"

"哼！"小男孩赌气地说，"前两天我来买本子，不小心碰到了一个小瓷瓶子，结果那个老板就一直在嘟囔，没有一句好话！我再也不在他这里买东西了！"

拥有魅力的销售员，一定要有令人刮目相看的风度。想要达到这个目标，关键要在实践中培养和锻炼。当不能达到自己期望的风度时，你千万不要勉强做作，因为即使你的主观动机是想给人留下一个好印象，也往往是东施效颦，反而令人反感。尤其是在面对孩子时，风度要发自内心，男性销售员只有让孩子看到自己实实在在的风度，才会真正地赢得孩子们的喜爱。

小张是某儿童玩具公司的销售员。有一次，他去一个客户家里推销儿童玩具，客户刚打开门，小张就被迎面而来的一阵"冷雨"击蒙了。原来是客户家的两个孩子在玩水枪，不小心把水射到刚进门的小张脸上了。

孩子们见自己闯了祸，双双低下头站在门口等待挨训。正在家里的男主人想要发火时，小张开口了："刚才我赶路赶得急，浑身是汗，刚巧这俩小鬼给我送来了'及时雨'啊！"听了小张的话，家长也不好发火了，两个孩子也都对小张露出了感激的微笑。

接下来，小张还送给了孩子每人一张《火影忍者》的贴画，让两个孩子更加高兴了。结果，这家的两个孩子都跟父母吵着买了小张所推销的玩具。

从这个例子我们可以看出，一个具有良好风度的男性销售员不仅能够让孩子们产生感激之情，而且能让孩子们对其产生敬佩。所以，把风度这个吸引少男少女的闪光点发挥好，男性销售员在面对少儿客户时就可以轻松得多了。

（3）把孩子捧为决策人

作为一个男性销售员，如果你向一个（或者是一对）带着孩子的成年人推销产品，那么谁是决策人？答案当然是孩子。

把孩子捧为决策人，是指一种利用孩子渴望被尊重、被重视的心理，由销售员游说孩子做主决定购买产品和服务的一种销售方法。这样"捧"孩子，也是男性销售员吸引少男少女的一个闪光点。要知道，无论哪一个孩子，被一个"酷帅"的男性销售员重视后，都会显得非常开心！

一对夫妻带着儿子来买玩具，但那个孩子似乎显得很不高兴，因为总是爸爸妈妈在挑选，自己根本插不上话。销售员郑辉龙看到了，于是蹲下来说："小朋友，你喜欢哪个玩具啊？"

小男孩大声说道："我是男孩子，我不喜欢积木，我喜欢电动遥控车！"

郑辉龙亲切地摸着他的头，站起来和小男孩的父母说："先生、夫人，你们看，孩子已经有自己的选择了。他看起来差不多有6岁了，那些积木玩具的确有些不适合了。电动遥控车更考验一个孩子的操纵能力，并且趣味性也更强，适合他这么大孩子玩。"

小男孩说道："叔叔真好！妈妈，我真的不想再玩积木了，我已经长大了！"

听到郑辉龙和儿子的一致说法，夫妻俩也觉得自己仿佛有些小看孩子了。在拿到心仪的电动遥控车后，小男孩朝郑辉龙竖起了拇指："谢谢叔叔！你真是太帅了！"

选准孩子做决策人，对销售员的推销大有好处。因为孩子其实是天生的优秀消费者，不管你销售什么，只要能够让孩子动心，孩子自然会帮你说服他的父母。

　　不过，一个懂得把孩子捧为决策人的男性销售员，不能随意发挥自己的这个特长。在针对孩子推销前，要事先判断好孩子的父母或亲戚有无支付能力，不要为了一笔生意让大人在孩子面前丢脸，更不能破坏他们之间的感情。否则，不仅你让孩子们做决策人的闪光点会变暗，还会影响到自己在孩子和家长心目中的形象，可谓得不偿失。

第三章

男销售员的秘密武器

吉拉德用他自己的行动告诉我们：撬动销售的
支点就是你自己。在男性销售员体内，有太多
太多尚未激活的武器：专业、安全感、坚持的
态度、广泛的交际能力、强大的执行力……这
些秘密武器，正是男性行走"销售江湖"的法宝！

专业水平高，不仅是销售，还是专家顾问

有句古话叫"术业有专攻"。每个人不管做什么事情，都要认真负责，努力把自己正在做的事情发展成为自己的专长。销售也是如此，一个好的销售员要注重自己的专业能力，不要仅仅把自己看成一个做销售的，还要努力要求自己成为销售领域的专家顾问。

专业是做好销售工作的前提

一个销售员要想在自己的事业上取得成功，首要前提就是要做到专业。只有拥有专业的知识和技能，自己才能在客户面前更加自信地充当顾问的角色。而这一切，都需要平时的积累。俗话说："台上三分钟，台下十年功。"如果没有平时的用功，销售人员是不会轻松完成工作的。因此，一个在工作上严格要求自己的男性销售员，应当通过以下几个方面来提升自己的专业水平。

（1）了解你的行业以及产品和服务

　　每一个销售员都要下工夫来提升自己的实力，从而获取销售事业上的成功。不过，想要自己在销售方面有实力，就得抓住关键点——了解自己的行业和所销售的产品。当然，这些都是一个销售员的本职工作，只有了解了自己的本职工作才能更好地施展自己的抱负。

　　销售员了解自己的行业，就要了解自己面向的客户，了解自己竞争的同行。做到这些后，还要了解自己的优缺点，看自己在这个行业中是个什么状态，自己在销售产品和服务时有哪些优势及不足。

　　"不管你怎么说，我就是觉得你的产品好像不够好，尤其这款软件还要付费。"一位顾客如此说道。虽然他已经对这位销售员推销的手机产生好感，但依旧想通过这种说法，让东西再便宜一点。

　　然而，销售员的回答却让他打消了这种念头。销售员面带微笑地说："先生，您觉得这款手机有瑕疵，是因为您可能不太了解手机行业的发展。虽然这个软件需要付费，但这是大势所趋，国家对知识产权的保护力度越来越大，这是对软件设计者的保护和支持。想想看，如果您的产品大家都不花钱就能使用，那您还有工作的动力吗？再看看其他手机，这款软件的设计者只将使用权授给了这个品牌，就说明了他对这款手机的信赖。以后，这样的发展模式才会逐渐成为主流！"

　　几句话，引得客户频频点头，并最终毫不犹豫地买下了这款手机。

　　一个优秀的男性销售员必须做足功课，抓住一切机会，了解自己涉足的行业背景、发展变化和未来趋势，搜集一切有用或者看起来没用的和行业有关的信息，抓住一切可能去认识和行业有关或者看起来无关的人。只有这样做，你才能快速地步入销售行业的更高层。

当然，除了在大方面积累专业知识外，一个好的男性销售员还要牢牢记住自己的产品和服务的特点、数据、品牌形象和定位。客户问你任何一个有关产品和服务的问题时，你都能告诉他相关的答案，同时还延伸出客户没有想到的方面并给予解答，那么，你离专家顾问的目标也就不远了。

（2）把专业的语言说清楚

有经验的销售人员只要一见到客户，就会立即展现出不露痕迹的职业微笑，用事先准备好的台词与客户交流，并凭借丰富的工作经验，利用形体语言替代多余的言辞。这样的销售人员固然好，但只适合从事增值服务业。

对于一个想在销售行业立足的男性来说，除了具备职业化的微笑和销售经验以及形体语言外，还要有把专业术语向客户讲明白的能力。因为，并不是所有的客户都喜欢与满嘴讲一些专业术语的销售员打交道。一旦客户听不懂，就会认为这是销售员"故弄玄虚"，对销售员的好感度和信任度就会大大降低。

某公司的采购员受命为办公大楼采购大批的办公用品。在采购时，他碰见了一个特别"专业"的年轻销售员。

这个采购员向销售员介绍了他们每天可能收到信件的大概数量，并对信箱提出了一些要求。销售员听后考虑了片刻，认定这个采购员最需要用 CSI。

"什么是 CSI?"采购员问。

"就是你们所需要的信箱啊。"销售员以不解的语调回答，内中还夹着几分不屑。

"它是纸板做的、金属做的，还是木头做的？"采购员试探着问。

"如果你们想用金属的，那就需要我们的 FDX 了，也可以为每一个 FDX 配上两个 NCO。"

听完后，采购员补充了一句："我们有些打印件的信封会相当的长。"

销售员继续说道："那样的话，你们便需要用配有两个 NCO 的 FDX 转发普通信件，而用配有 RIP 的 PⅡ 转发打印件。"

采购员稍稍按捺了一下心中的怒火："小伙子，你的话让我听起来十分荒唐。我要买的是办公用品，不是字母。如果你说的是外语，我们的翻译或许还能听出点道道，请说清楚你们产品的材料、规格、使用方法、容量、颜色和价格。"

销售员开口说道："我说的都是我们的产品序号。"

最终，这个采购员费了九牛二虎之力，才慢慢从这个"专业"的销售员嘴里弄明白他说的各种信箱的材料、规格、颜色和价格等内容。然而，因为之间的种种不愉快，他没有从这位销售员手里购买任何东西。

对于一个好的销售员来说，首先要明确一点：客户不都是行家。真正的行家来购买你的产品和服务，可能根本不需要你的介绍，而那些需要你介绍的客户大部分都是门外汉。这时，你能否将专业术语向客户讲清楚是你最终能否赢得客户的关键。

男性销售员在这方面尤其要注意，因为男性的逻辑性强，在与客户谈话时很容易简化语言，用自己的逻辑性来衡量客户的接受能力。因此，男性销售员在跟客户介绍产品和服务时，不妨从以下几个方面考虑。

①将专业术语通俗化

销售人员在跟客户介绍产品和服务的专业信息时，最好使用大众语言，让每一个客户都听得懂。例如，当试图解释什么是"企业邮箱"时，如果你采用"就是以您的域名作为后缀的电子邮件地址"作解释，客户不一定能够理解。但如果你说"企业邮箱就是用企业自己的域名做邮箱后缀，比如您的公司有一个 baidu.com 的域名，那么您公司的邮箱就可以设置为 sales@baidu.com。@前面的内容由你们企业自己决定，可以是员工姓名，也可以是编号等"，客户不仅会感到你很专业，同时也能理解你的意思，购买欲望大增。

②将专业术语轻松化

销售人员讲一大堆的专业术语，很容易让外行客户感到烦躁。为了避免这一点，销售员不妨让谈话轻松一些，从客户的生活入手插入一些专业方面的知识，或是跟客户讲讲他的爱好，然后联系到正题上等。

总之，一个真正懂得如何说专业术语的男性销售员，一定要学会使用一些让客户听起来心情愉悦的语言，从而达到自己的销售目的。

③将专业术语生动化

专业术语生动化就是指使用描绘性的语言，把专业知识描绘得栩栩如生。只有这样，销售员才能紧紧抓住客户的注意力，进而使客户进入"受传者"状态。例如在销售智能手机时，我们可以丢弃那些空洞的名词，采用形象的语言："智能手机可以看做是掌上电脑，如果您想查阅资料，点击一下掌上百度即可；如果您想查询交通，登录软件输入目的地就能知道。这就像一台握在手里的电脑，省去了随身携带地图、笔记本等诸多不便！"

（3）能专业地区分自己的产品和服务的优劣

销售员在面对客户时，如果能很专业地区分出自己的产品和服务的优劣，以及与同类产品之间的不同，这样就可以很快地想出应对客户质疑的方法，进而将自己的产品和服务推向制高点。所以，销售员要培养自己区分产品的能力，在向客户介绍时，一定要把自己的产品和服务与别家不同的地方进行介绍，并可以适当进行修饰和夸大。这个不同点一定要是客户所看重的，同时切记不能是缺点。当然，我们也不能为了赢得客户，就胡乱编造一些产品特点。

盖莉·弗里兰是《世界图书》的销售经理。他很擅长用"区别"产品的话向客户推销产品。在具体使用的时候，盖莉·弗里兰有他自己的策略：一是找一家世界上最出名的图书作比较，二是从不诋毁竞争对手。

有一天，盖莉·弗里兰向一位商人推销《世界图书》。谈话期间，商人让弗里兰讲讲《世界图书》与《大不列颠百科全书》相比有哪些优点。

"尊敬的先生，这两部书都包含很多人们日常生活所需要的资料，但《世界图书》在教育儿童方面的权威性是无可厚非的，所以我认为您所关心的话题是为什么《世界图书》在成人中更受欢迎。"

这位商人点点头，表示认同他的话。

盖莉·弗里兰继续说道："《大不列颠百科全书》中的资料很全，您想查的资料那里可能都有，但是查起来很费劲。您的时间那么宝贵，为什么要费那么大的力气放在查资料上呢？而《世界图书》在查资料方面相对来说容易得多，这就是《世界图书》更受欢迎的原因。我从事《世界图书》的销售还有一个原因，那就是我信赖《世界图书》，没有它我们什么事都做不成。我们应该根据书的内容好坏来确定买不买，对不对？"

这位商人在听了盖莉·弗里兰细致的介绍后，自己尝试了一番。结果他发现盖莉·弗里兰说得没错，于是决定购买《世界图书》。

从案例中我们可以看出，销售员在区别产品时，既要指出相同的，又要区别不同的。当然，在区别的时候，销售员一定要先对相同类型的产品和服务有一定的了解，这样在跟客户分析时才显得够专业。

努力成为本行业的专家和客户的顾问

不管在生活还是工作中，每个人都会有自己最擅长的知识和本领。作为一个销售员，你最精通的就是你的专业知识，最过硬的就是你的销售本领。

但作为一名优秀的男性销售员，你还应当清楚：你所面对的客户并不是你所在的销售行业的专家，甚至对你所销售的产品或服务一无所知。因此，你有责任、有义务做客户的顾问、参谋，你要为客户的每一分钱负责，把客户的钱当做自己的钱，而永远不要想着如何大量赚取客户的钱。

每一位销售人员都应当明白：赚钱不是你从事销售的唯一目的，而是应当在此基础之上，努力成为本行业的专家，做客户的顾问。

秦爱民是一位建筑材料销售员，有一天他去拜访一位新买房屋的客户。首先，他对客户作了自我介绍："我大学时读的是室内装潢和设计专业，作品有两次获过大奖，毕业后的几年里一直在一家建筑公司担任室内设计艺术总监，现在又开始做市场。××大厦的装饰就是我设计的。我想以我对建筑材料的专业知识，一定能很好地为您服务。"

客户说道："我已经看了很多建筑材料，可是我觉得都不太合适。"

秦爱民微微一笑，说："先生，您公司的情况我分析过。首先，我说明下我们的产品。我们公司的这种建材有很强的隔热效用。这种材料涂在墙上，冬天时，您可以先用暖气机将室内温度增至24～25℃，然后将暖气机关掉，2个小时后，室内温度仅仅会降低3℃。而夏天时，打开空调机将室内温度降至比室外温度低约10℃，然后将空调关掉，3小时后，室温也不过升高4℃左右。"

见客户点了点头，秦爱民继续说道："您的公司目前正处于创业阶段，所以在保证质量的同时，一定要力求资本压缩。而我们公司的材料就能满足这个需求。从长远来看，使用这类建材来装饰房子，可以节省空调机的电费。另外，虽然它的隔声效果比不上隔声板，但若将其同时使用于墙的两面，隔音效果就会很不错了。这样，既达到了您的需求，又能满足节省资金的目的。所以在我看来，这是很适合您的。"

客户听了秦爱民的分析，觉得他说得很专业，也觉得他是在为自己着想，这的确是之前那些销售员没有的。于是经过一番仔细地权衡后，客户采购了秦爱民的产品。

一个销售人员如果有足够的专业知识，并把这种专业知识用在为客户着想上，成为客户的顾问，那么客户不仅愿意与他谈业务，还会对他心存感激。

销售人员与客户相处的理想模式是做朋友，而销售人员的专业知识就是沟通这个友谊的桥梁。因为一个销售人员对客户服务的广度和质量，能够决定销售人员与客户相处的和谐程度。在与客户的交往中，要做好顾问、参谋，销售人员就要使自己成为产品的专家。

安全感，用男人的真诚和信誉虏获客户

作为消费者,在购买产品和服务时,首要考虑的就是安全。同样,消费者与销售员进行沟通时,也不希望和一个不安全的销售员交流。因此，销售人员在面对客户时就要考虑，如何做才能使客户对自己的销售产生安全感。而作为一个男性销售员，用男人的真诚和信誉来虏获客户，正是提升销售成功率的一个秘密武器。

真诚能给安全感增添筹码

人与人交往最看重的就是真诚，没有真诚的交往就好像是建立了一个豆腐渣工程，早晚要坍塌。对于一个男人来说，真诚是他在事业上的可靠资本，可以带来机遇。道理很简单：如果一个男人在工作或生活中都采用欺骗、隐瞒的态度，那么周围的人会对其产生何种态度呢？自然是对其产生戒备心理，从而不敢与他共事。

销售工作也是如此。如果销售人员对客户不真诚，那是很难赢得客户信赖的。因此，男性销售员就要激活自己的"真诚"属性，用真诚去营造客户所需要的安全感。面对男性正直、诚恳的口吻，绝大多数人都会被那种真诚的态度所折服。

（1）销售中的真诚流露很重要

在与客户接触时，如果一个销售人员能够让客户感受到自己的真诚，无疑给自己的销售增添了筹码。因为真诚可以敲开所有紧闭的门扉，没有客户不喜欢与对自己真诚的销售人员打交道，所以男性销售员可以充分利用自己的真诚打动客户，让客户对自己的产品和服务产生安全感。

金利来集团主席曾宪梓在取得事业成功之前，也曾经做过销售。有一天，曾宪梓到一家外国商人的服装店去销售领带，服装店老板看他衣着寒酸，就没有接待他。

经过一夜反思之后，第二天早上，曾宪梓穿着笔挺的西装，打着鲜亮的领带，再次来到了那家服装店，并十分礼貌地对老板说："昨天真是抱歉，冒犯您了，今天我想请您喝茶，不知能不能赏光？"

那位老板看到这位年轻人衣着讲究、谈吐得体，顿生好感，便答应了他的邀请。于是，两人一边喝茶，一边聊天，谈得非常投机。

喝完茶后，那位老板问他："你的领带呢？"

曾宪梓连忙说："今天不谈生意，我是专门来道歉的。"

曾宪梓一系列真诚的行为感动了那位老板，于是，老板也诚恳地说："你明天就把领带送过来吧，我愿意与你合作。"

此后，这位老板与曾宪梓成了好朋友，两人真诚的合作也促进了金利来日后的发展。

由此可见，真诚是一种可贵的品质，只有对客户真情流露，客户才会感到你是值得信赖的，才会把你当做朋友，由此产生足够的安全感。所以，男性销售员一定要懂得发挥男人的真诚魅力。

（2）真诚地为顾客作产品和服务说明

想要让客户对自己的产品和服务有所了解并产生安全感，男性销售员就必须在产品和服务说明上下工夫。"说明"是为"说服"服务的，要到达成功的彼岸，对商品的说明必须合理。

对此，我们要牢记这样一个观点：实事求是是说明的首要条件。这就要求销售人员在推销产品和服务时，不能花言巧语地欺骗客户，而是要真诚地向客户进行解说。通常来说，男性销售员对此都比较注意，这正是他们提升销售额的秘密武器。

有一对夫妻来家用电器城买电冰箱。本来说好买国产某品牌电冰箱的，但转了一会儿女方突然改变主意了："我看，咱还是去买日本冰箱吧！"

"怎么你又变卦了，原来不是说好的吗？"男方疑惑了。

"我觉得国产冰箱质量没有保障，不如日本的好。"

正当夫妻两人准备离开的时候，一位看起来很有经验的男销售员拦住了他们："我看你们不满意我们这个牌子的冰箱，能请教一下是什么原因吗？当然，你们买不买都没有关系，我只是想听听两位的意见，也便于我们进一步改进工作。"

两人看到销售员如此真诚的态度，倒有些不好意思了。做妻子的迟疑了一会，才吞吞吐吐地说："我也是听人说，外国的冰箱好。"她指着冰箱背后的散热管，继续说："这些弯弯曲曲的管子都露在外面，也不好看。"

销售员听后回答说："女士，这完全是误会。虽说日本电器历史久、牌子老，有许多优点，但是我们国产冰箱近些年来也有很大的进步，你们方才看的这种冰箱，正在走向国际市场。"

看到小两口疑惑的表情，他接着说："这种冰箱把散热管暴露在外面，是要提高散热的速度。由于热量散得快，所以冰箱内部制冷的速度快，达到了提高效率、节约电能的目的。经测试，我们的冰箱与同等容积的密封式冰箱相比，耗电量仅是它们的1/3，这可以为用户节约不少电费。"

接着，这个销售员又用特别真诚的口吻继续为小两口讲解冰箱的美观问题："散热管在冰箱背后，紧靠墙壁或位于墙角里，对于正面观看毫无影响，请两位放心。当然，如果这方面引起你们的其他情绪，我向你们致歉。以后我们一定在这个方面改进，做到经济节约的同时，也提升美观度。"

这小两口你看看我，我看看你，觉得这位销售员说得没错。又看了几台其他品牌的冰箱后，他们觉得还是这款比较不错，于是最终购买了下来。

销售时最重要的就是把产品的性能、功用以及服务的具体细节介绍给客户，让客户对你所要销售的东西有一个完整的认识。这样，客户就能感受到你的真诚，就能体会到一种安全感。

诚信——营造安全感的不二法门

早在两千多年前，孔子就说过"人无信不立"。守信用是中华民族的传统美德，也是销售人员最基本的职业道德之一。因此，男性销售员要想为客户营造安全感，进而俘获客户，就必须在工作中坚持诚信。"君子一言，驷马难追"，我们要用诚信，对得起"君子"二字。

（1）诚实、讲信誉更能打动客户

从道德范畴来讲，诚实、讲信誉是指待人处事时言必信、行必果，一诺千金，不隐瞒欺诈、不弄虚作假。销售行业也是如此，必须把诚实、讲信誉作为根本。但是，信誉是看不见摸不着的，它存在于客户心中，只有客户心中认为你是诚信的，你们才有合作的机会。正如日本的松下幸之助所说：信用既是无形的力量，也是无形的财富。

因此，在销售工作中，男性销售员一定要诚实、讲信誉，才能赢得客户。

有一次，客户问瑞·史考特："一笔钱存在银行和投保，哪种方式更划算一点？"

"如果以20年来说，存在银行会比较划算。"史考特说。

"别的销售员会说保险比较划算，而你的答案与别人不一样。"客户说。

"我从不为卖保险而违背自己的原则。无论客户买不买保险，我所做的和我所说的，都必须要尊重事实。"史考特说，"要纯粹从存钱来说，定存的复利有可能超过保险。"

这时候，客户有些刁难地说："既然这样，我不如把钱存到银行。"

"一般说来，在20年的缴费期间，存在银行由零开始累积，与投保开始便有一笔人身保障相比较就逊色一些。保险最大的功能是保单一经生效，就可获得保障。"

见客户面露怀疑，史考特继续说道："比如，您存 10 万元钱到银行和买一份 10 万元的保单。如果一生平安，看不出多大的差异，可一旦意外或疾病发生时，存在银行的钱就只有本金加些利息，而投资保险则可多出 10 倍甚至 20 倍以上的价值。"

此时的客户，已经没了刚才的洋洋自得，而是低下头仔细思索。史考特真诚地说："但是，如果定存的时间比较长，而您一生又平安无事的话，仍然是定存比保险划算。因此，无论您怎样安排您的资金，都应该依据自身的需求，作好规划。"

客户说："你很诚实，我想我已经被你说服了。那你就帮我设计一份保单明天送过来吧！"

这个例子说明，在面对客户时，唯有诚信才能打动客户。讲诚信首先就要把自己觉得对客户有利的观点开诚布公地说出来，而不是仅仅为了销售而销售。

男性销售员在工作中，一定要尽自己的力量，做到诚实守信、实事求是地对待客户，这样与客户沟通起来才能更加顺畅，才能赢得客户的信赖。

（2）跟进服务让客户没有后顾之忧

男性销售员若想要以自己的信誉给客户营造安全感，就必须首先做到务实，这是诚信的前提。如果销售人员在作出承诺后没有达到客户的要求，就会失信于客户。因此，销售人员对客户作出承诺一定要量力而行。

这种情况对于销售人员来说，体现最明显的莫过于跟进服务了。跟进服务就是销售员给客户的一个安全保障，是对客户作出的承诺。在顺利成交之后，就要按约定的时间送货；约定了相应的使用指导、服务咨询、退换货保障等，就要如约执行。有的时候，如果是因为自己的失误造成订单错误，我们还要学会"吃亏"，努力让客户感受我们的诚信。

　　作为中国皮鞋的顶尖品牌，奥康集团曾经的一件事，让销售界乃至整个商界都学到了很多。

　　2003 年 2 月，奥康与一家意大利客商达成协议，对方以每双 23 美元的单价从奥康集团订购皮鞋。但在产品投产时，奥康发现生产部门在核算成本时将皮料的价格算得过低，若按实际成本计算，每双鞋的出口价格最少还要增加 1 美元。

　　当奥康集团将这件事及时反映给意大利客户后，意大利客户自然不会同意。很快，奥康集团国际贸易部负责人将这个情况汇报给了董事长王振滔，并请示是否继续与外商洽谈加价。

　　王振滔的决定出乎了所有人的意料："1 美元是小事，商业信誉是大事，退一步海阔天空。既然签了合同，就是亏本了，这笔买卖也要做下去。以后我们一定要注意，不要再犯这种错误了。"

　　王振滔董事长的这番话，不仅让奥康集团所有人大吃一惊，就连意大利客户也啧啧称奇。对于这样诚信的合作伙伴，他们是非常欣赏的，因此立即决定追加订单，将原来 20 多万美元的订单一下子增加到 100 多万美元。数月后，意大利客户又将 200 万美元的订单送到奥康集团的手里。

讲诚信，做好跟进服务，最重要的是不能牺牲客户的利益。让客户蒙受损失的销售员，是不值得客户信任的，更不要提安全感。因此，男性销售员只有信守承诺，及时提供所承诺的服务，让客户没有后顾之忧，才能稳定自己的客户群。从古至今，男性的话都被看做是"一言九鼎"，所以，我们必须要让客户感受到我们的诚信！

坚持——精诚所至，金石为开，男人的坚持最动人

俗话说：精诚所至，金石为开。这句话告诉我们，一个人无论做什么事都要学会坚持，不能半途而废。而销售行业最能磨炼一个人的耐性和毅力——只有做得多，才能见成效。所有男性都是坚持的高手，巧妙利用这一点，自然能够打动客户的心。

坚持是男性销售的最强武器

坚持，是指一个人用坚忍的意志来战胜任何挫折，顽强地面对失败。它代表了一种积极向上和自信乐观的人生态度，拥有这种态度的人，经得起任何挑战。一个人如果把挫折和失败看做生活的挑战，面对这个挑战就需要拥有坚韧的性格以及不屈的精神。

对于男人来说，坚持正是自己的"男儿本色"。销售行业的压力很大，竞争极其激烈，面对挑战，男性销售员唯有发挥本色，才

能取得优异的成绩。

美国一家科技公司有一位销售员，他做事很有耐性，性格十分坚韧，常常能用坚持来赢得别人无法赢得的客户。

有一次，这位销售员负责去跟一个客户谈网站策划。他发现这个客户很难对付，就对客户作了一番调查，结果发现这是一个很有潜力的客户。于是，他针对这位客户的情况精心做了一个网站策划，带着这个构想去拜访客户。然而，他得到的回答是："我根本就不喜欢你的构想，我不打算花这笔钱。"

这样的回答对销售员来说很正常，他面对的是一位很有主见的客户。但他并没有气馁，坚持每周去拜访这位客户一次，每一次都带着一个更为完美的构想。这位销售员整整坚持了一年，也就是52个星期。最终，凭着坚持不懈的毅力，他得到了客户的认可，签下了一个价格不菲的策划合同。

做销售最容易受挫，最容易被客户拒绝。因此，很多在销售行业做得比较久的人会觉得厌烦，觉得自己整天忙忙碌碌，却碌碌无为。这中间很大一部分原因是他们自己在遇到挫折时选择了放弃，最终败在缺乏坚持不懈的精神上面。

当然，绝大多数的男性绝对不会轻易说"放弃"，因为我们坚强的性格不允许我们说"不"。坚持，才是我们的最强武器。

正因为如此，那些懂得坚持的男性销售员，就总结出一个很有意思的"931法则"：大概每向9名客户进行销售，就会有3名客户产生购买的想法，而在这3名有购买想法的客户中，一定会有1人最后购买。因此，有的营销专家也称"931法则"为成交比率。这个法则告诉我们，要想得到客户的认可，达成良好的业绩，必须要有不怕吃苦的坚持精神，并懂得运用适当的方法。

一个合格销售人员的字典里，一定不会有"放弃"两字。出色的男性销售员是不会轻易放弃一个客户的，不管面对多么"蛮不讲理"的客户，他们都能坚持到底，并最终打动客户，完成自己的预期目标。

如何练就坚持的心态？

唯有坚持的人，才可以成为一个优秀的销售人员。有位做保险工作的销售员曾统计，在保险业内，一个销售人员每打 50 个电话，就有 15 个人有意洽谈，在这 15 个人中就会有一人购买保单。但是，如果没有坚持的心态，你根本连你的客户在哪里都不知道，又怎么拿到这 1/15 的可能呢？

当然，我们还要明白：坚持不是空洞的口号，而是由内心而发的一种行动。因此，我们要调整心态，理解什么才是真正的坚持，如何才能练就坚持的心态。

（1）不要奢望一次拜访就能成功

销售人员一定要谨记：第一次拜访是第二次拜访的开始。对销售人员来说，第一次拜访就让客户相信你，买你的产品和服务是很困难的，也是不切实际的。如果第一次拜访失败后，觉得没有成交机会便主动放弃了，发誓再也不进那个客户的门，从而丧失了创造优异业绩的可能，这是很愚蠢的行为。

优秀的男性销售员总能在第一次拜访时，想办法赢得客户的好感，进而获得一次、两次乃至数十次去拜访的机会。销售人员要用坚持打动客户，既让客户看到诚意，觉得这个销售员很不错，又让客户感到放心，觉得销售员的产品及服务让人信得过。

有一位复印机销售员第一次去拜访某家公司的总经理，得到了总经理敷衍的答复："我考虑看看。"这位销售人员听总经理这么一说，便只好说："谢谢您，那就请您好好考虑，我下次再来拜访。"总经理听了也没有在意。

几天后，那位销售人员真的又来了。这位总经理想到自己上次的敷衍之词竟让一位销售员这么用心，于是就耐心听了销售员的介绍。但是，他依旧没有购买，而是让销售员等消息。

没过几天，这位复印机销售员又一次登门拜访。这一次，他带来了更为详尽的介绍。总经理被这位年轻人感动了，同时发现他的产品的确对自己有帮助，于是最终买了他的复印机。

销售人员上门拜访一次就获得成功的概率很小，只有做好多碰几次钉子的心理准备，才能在工作中学会打持久战，获得最后的胜利。就像这个案例中的小伙子一样，倘若选择放弃，那么这笔生意自然无法达成。

（2）不要害怕被客户拒绝

作为一个销售员，被拒绝意味着一次销售行为的失败。然而，这并不意味着下一次销售行动也失败。因此，遭到客户拒绝时，销售员要意识到那是正常的，千万不要灰心丧气。男子汉是不能被打垮的，别因为害怕拒绝，就不敢继续与客户沟通。

当然，坚持不仅仅意味着反复拜访和游说。坚持更重要的意义，在于能让客户看到你不懈的努力、无尽的耐心，以及背后隐藏的对于自身产品和服务的充足信心。只有这样，销售人员才能减轻甚至逆转客户的拒绝心理。

小刘是公司公认的"爆破专家"，无论多么难拿下的客户他都能应付得了。当同行问起小刘有什么销售诀窍时，他经常谦虚地说："只要'皮厚'就行了。"

小刘销售的是机械润滑剂，这种产品主要用来保养机器，需要的厂家很多。但有些客户经常以他的东西太贵，又不是必需品为由而拒绝。最近，又有一位客户因为这个原因拒绝购买他的产品，小刘好几次去这位客户的公司，都被无情地拒绝，最后干脆连人也见不到了。

但是小刘没有放弃，他记住了客户的车牌号码，在客户快下班的时候，来到办公楼停车场，在客户车旁静静等待。

过了一会儿，看到客户从写字楼下来，小刘急忙藏在柱子后面。等到客户走近汽车的时候，小刘突然闪了出来。客户看见他，立刻一脸不快地说道："你可真会挑地方。"

小刘大方地说："给我五分钟的时间就够了。我想说的是，我以前也有一辆很好的汽车，可是现在我不开了，每天步行上班。所以，我特别喜欢来看看别人的车。"

"你这个爱好可真诡异。"客户应付地说道，一边拉开车门。

"原因是我买得起车，但是我舍不得买那几十块钱一瓶的保养润滑剂，所以我干脆不开车了。"小刘故意说出这样一句稍显"刺激"的话，然后转身就走。

小刘的话让客户笑了起来，他说："小伙子，你可真有意思。在这里跟我卖东西的，你是第一个。明天上午十点，来我办公室。当然，如果产品不好，我依旧不会买。"

第二天，小刘作足了准备，让客户感受到了他的产品质量过硬，对得起这份价钱。他这一次"爆破"又成功了，虽说有几分靠运气，但更多的是坚持。

一个优秀的销售人员，必须要拥有过硬的心理素质——脸皮要厚，善于坚持。在遭到客户的无情拒绝以后，不要灰心丧气，更不要一蹶不振。客户拒绝你一次，你就再多拜访一次，这样就多一分成功的可能。

因此，销售人员只有坚持不懈地努力，才可以搭建起与客户没有阻碍的交流渠道。然后，在拜访交流的过程中要抓住客户的弱点，为自己进一步的销售作准备。销售员只有一而再、再而三地接触客户，做到精诚所至，才能金石为开。

这一点其实不难做到，只要你这样告诉自己："被拒绝有什么关系？有的时候就必须有点'牛皮糖'的意思，咱们男人能屈能伸，一定会坚持下去！"

日本著名的保险销售人员原一平，在最初进入保险业的时候，到一位素未谋面的总经理家去拜访，可每次都会被一位面目慈祥的老人以这样或那样的借口打发走。但是原一平并没有放弃，为了赢得这个大客户，他在三年零八个月里拜访这位客户七十次，并最终获得成功。

原一平之所以取得成功，就在于他始终相信精诚所至，金石为开。当意识到客户是不可忽视的效益增长点时，销售人员就要懂得锲而不舍是打动客户的法宝。对待客户就要拿出点"磨"的精神来，这样才能磨出成效。而坚持本就是男性的本色，利用好了总能达到成功的彼岸。看看那些成功的男人吧：比尔·盖茨、乔布斯、李书福……哪一个不是坚持的高手？

当然，坚持不是盲目地到客户那里横冲直撞，不能变成一味的死硬。一个男性销售员在不断被拒绝之后，如果仍然执拗地不肯改变方法，失败依旧是注定的。这就如同在战场上的交锋，只懂得正面迎敌，不懂得侧面包抄的军队，迟早会被无情地消灭。因此，销售人员在多次碰壁以后，一定要冷静地分析失败的原因，只有分析好这些因素进而更换方法，这样坚持下去才有意义。"做有勇有谋的赵云，不做莽夫一般的李逵。"这才是一个男性销售员的奋斗心经。

交际能力，男人比女人
交际范围更广泛

在社会中，人们普遍认为男性比女性具有更好的交际能力。这种能力，会在工作中体现出更多的优势。男性的大度、有气量、放得开、懂应酬，都是优秀交际能力的一种体现。所以，从事销售行业的男性，比女性更懂得扩展交际范围，这正是可以大做文章的地方。

生活方式练就男性交际能力

为什么男性的交际能力比女性强？因为男性外出应酬交际的安全度更高。因此，男性的销售成功率也会比女性大很多。男性可以随意出入一些交际场所，结识各界人士，甚至把进入交际场所当成自己的一种生活方式。而女性由于某些原因，例如家庭因素、传统观念等，在这个方面出现了短板。

所以在工作中，男性销售员完全可以利用自己的优势，在生活中练就自己的交际能力。毕竟在销售领域，凭借一人之力是很难立足的。销售人员本身的交际范围毕竟有限，如果仅仅局限于周围的人，那么肯定很难遇到一些高端的客户。要突破这个局限，唯有从陌生人、陌生环境开发。而走进这些陌生人、陌生环境就是销售员要选择的生活方式。

　　在广州天河体育中心的城市高尔夫球场，活动着一些高级白领以及中小型企业的老板、经理。这些人的消费能力都比较强，对一些高端产品也比较了解，购买需求及购买力都较强。因此，很多男性销售员就把眼光瞄准了这个地方，经常光顾，虽然花费不菲，可收获亦不小。

　　有一位汽车销售员小陈，就经常来这里，和那些成功人士交流。半年过去后，他通过打球时建立的友谊，与数位客户签订了合同，销售额高达数百万。

　　男性销售员利用生活方式上的优势可以为自己扩大交际范围，获得更多的签单机会。所以说，牢牢地抓住自己在交际场上结识的客户，也就抓住了业绩不断提升的源泉。

　　当然，男性销售员并不是仅仅出入一些高档的、灯红酒绿的交际场所，有时候，他们也会去一些诸如博览会、展评会、订货会、物资交流会、技术交流会等展览及会议场所。另外，还有各界人士的聚会、新婚宴会、生日舞会，男性销售员也会尽可能多地参加，以此开阔眼界，广交各界人士，建立广泛的社会关系网，从而获得更多的客户来源。

身份意识扩展男性人脉

男性普遍有很强的身份意识，不管走到哪里都不忘给人家递个名片。即使暂时没带名片，也会为自己的公司或职业做个简介。这种身份意识，正是男性销售员扩大交际范围的好方法。

我们要记得这样一个观点：在销售行业，男性销售员要想打造个人品牌，就要敢于吆喝、勤于吆喝，让自己的"金子之光"彻底在所有人面前闪烁。只有你敢于表达自己，让别人认识你，才有可能寻找到成功的机会。

世界著名的汽车营销专家乔·吉拉德，最具杀伤力的"武器"之一就是名片。不论何时何地，只要遇到了人，吉拉德的手就会立刻习惯性地伸进口袋里，然后掏出名片送给对方，这样就把自己的身份、痕迹和味道统统留给了别人。

除此之外，在吃完饭结账时，吉拉德还会在座椅上留下几张自己的名片。有的人看到名片，便知道"按图索骥"，好找他买车。到了体育馆，吉拉德依旧不忘记推销自己。他随身带着上万张名片，坐在最好的座位上，等候良机。

一旦体育馆内出现精彩的场面时，吉拉德便大把大把地将名片向观众席上抛撒出去。这时候，人们便会把注意力转到吉拉德身上。有的人正是在这个时候知道了吉拉德的大名，然后在买车时拨通了他的电话。

后来，吉拉德的生意越做越好，因此经常去参加各种演讲。在演讲台上，吉拉德一定会向听众散发名片，让他们牢牢记住自己。他的这种做法，让不少人这样形容："哪里有吉拉德，哪里就会有他的名片，它像影子一样紧紧地跟随着自己的主人。"

对于散发名片的这个举动，吉拉德有自己的认识："生意的机会无处不在，无时不有，遍布于每一个细节之中。要使别人了解你，知道你所做的事，请用好你的名片。"

从吉拉德的例子上我们要学到，作为一个销售员就要设法让更多的人知道自己是干什么的，销售的是什么产品。这样，当需要这种产品时，客户就会想到我们。

当然，发放名片只是结识客户的方式之一，如果男性把自己的身份意识用到销售上，用更多的方法去扩展人脉，那样也会产生意想不到的销售效果。也许，你就有很多独特的创意，那么不妨多多使用，以此拓展人脉。

巧妙的手段让男性左右逢源

一个善于交际的男人可以广交"三教九流"的朋友，拥有海纳百川的气魄，而女性则很难做到这一点。同理，一个成功的男性销售员也总能广结善缘，走到哪里，就将销售做到哪里。

吴秋峰先生是台湾著名的保险销售员。初入保险行业时，为了做好客户开拓，他主动参加烹饪班，而且每期都毛遂自荐当班长。

吴秋峰这样做有自己的想法。他先是搜集全班同学的资料，然后打印出自己的个人资料，发到每个人的手中。不到两天，每个人都认识他了。同学们觉得他亲和力很强，都愿意与他交往。

为了更好地与同学拉近关系，他还采用了别的办法——将自己当做"职业品尝家"和"赞美家"。他品尝别人的菜时，哪怕菜炒得不怎么样，他也会赞不绝口，还做出夸张的动作与表情，使那些"厨师"们欢欣鼓舞。

就是用这些方法，吴秋峰几乎每参加一次烹饪班，都能签下几张保单。

一个男人采用巧妙的手段，自然就会结识到不同的人，找到与他们相处的最佳方式。当然，这样的方式还有很多，以下两个建议，我们不妨灵活使用。

（1）巧用责任心，使客户源源不断

销售这个工作，既是单打独斗，又要靠人脉协助。因为单凭一个人的力量，有时候很难快速、有效地找到客户。那么，如何才能使客户源源不断呢？

对于男性销售员而言，运用责任心是关键中的关键。拥有责任心的销售员可以在客户身上激起链式反应，这种反应可以帮助销售员开拓客户。一个感受到销售员责任心的客户也许会介绍两个客户，两个介绍四个，四个再介绍八个，这样无限地几何增长，客户就会爆炸式地增加，销售效果肯定要好得多。

当然，这种方法就要求销售员必须利用已有客户寻找未知客户，进而得到源源不断的客户。但这并不是一件简单的事情，需要销售人员首先服务好现有的客户。只有得到现有客户的肯定，他们才会介绍身边的亲戚、朋友给你。

小吴是一名电脑销售员，平时很注意跟客户搞好关系。每当客户买电脑时，他都会详细地问清楚客户买电脑的具体用途，是用来打游戏，还是办公、家用等，问清后就一一记下，等到有相关的软件更新时，他就会主动联系客户免费来更新软件。客户对他这种服务到底的行为都很满意，于是都喜欢到他这里买电脑及配件，同时也会把自己身边想买电脑的人介绍给小吴。就这样，小吴用自己的方式得到了许多"意外"客户。

（2）参加各种商业活动，注意搜集相关的信息

在参加商业活动时，你可以获得许多有用的信息和客户资源。你可以通过查询电话号码簿和参看工商企业名录以及工商管理公告等方式，来获取相关的信息。

徐飞是机械厂的一名销售员，从事挖掘机销售已经五六年了。在销售方面，徐飞的经验相当丰富，他很重视搜集有关挖掘机销售的信息，这一点帮他赢得了许多的客户。譬如，利用报纸上的一些机械领域专场招聘会等信息，他也能谈到几笔大生意。

由此可见，对于男性销售员来说，在挖掘客户时，无论是个人客户，还是企业团体客户，其实都能找到不同的渠道，关键就看自己是否用心挖掘。另外，在寻找客户之时，销售员还要记得作市场调查，这样不仅可帮助自己了解市场动态，弄清市场需求，摸准客户想法，更能为制订客户计划和行销计划打下基础。

执行力，男人的执行力是女人永远比不上的

在销售行业中，男性和女性的进步会呈现明显的两极分化：很多女性销售员虽然起点较高，但在经历一段时间后，却显得后劲不足；而男性销售员却呈现飞速成长之势，以至于很多公司的销售部门主管、精英皆为男性。

为什么会出现这样的情形？答案很简单：男性的执行力远超女性！

执行力，男性的销售魅力

很多不成功的女性销售员总有这样的疑问：为什么和我一起来的男性同事小刘，怎么那么快就到了主管的位置？我们一样地做推销工作，一样地接受培训，也一样地努力工作，但为什么他的成绩会比我高出那么多？

这是因为男性的身上有着一个特别明显的优势——执行力很强。看完下面这个例子，我们会对此有更直接的体会。

李先生开着一家生产电脑的大厂。最近他谈了一笔生意，需要在半个月之内生产10万台笔记本电脑，以他们厂的实力来说，这个任务是能完成的。但是，由于技术原因，电脑上的一种配件需要别的小电脑配件厂来生产。

　　于是，李先生就开始寻找合适的厂家合作。他首先看上一家很不错的电脑配件厂，在跟这个厂的一位女销售员谈过之后，他得到的答复是："这么多配件，我也不能确定能不能完成，我想大概至少需要一个月才能交货吧。"李老板听后很失望，就决定立即找下一家公司合作。

　　这一次，李先生又找了一家电脑配件厂，与之前那家配件厂实力相当。本来，李先生只是抱着试一试的态度来跟这个厂谈，没想到与他交谈的男性销售员竟然回答说："没问题，我们保证在半个月之内完成生产，不耽误您到时候交货。"李先生听了，有些怀疑地问道："你确信？"

　　这位男销售员又作了肯定的答复。没有想到更好的解决办法的李先生，只有放手试一试了。

　　等李先生走后，这个男销售员就立即跟公司有关部门协商，商量了一个能最快完成生产的办法。而且在这半个月内，只要一有时间他就紧盯着生产，叮嘱有关部门协助自己完成这个销售任务。

　　果然，凭借高效的执行力，不到半个月的时间，这个男销售员就向李先生交了货。

　　与前一位女性销售员相比，这位男性销售员的优势不言而喻：胆大、果断。这正是男性销售员执行力优秀的体现。女性的优柔寡断、瞻前顾后，都与男性形成了强烈对比。因此有人说，销售是男人的天下！

为什么男性销售员与女性销售员会出现如此大的差异？主要原因就是女性销售员的精神状态往往起伏不定。

举一个简单的例子。小红是一名家电销售员，这天早晨她刚刚整理好一份客户资料，又想起来还要给另外一名客户打电话。刚拿起电话，她又想起还有一名客户的资料没有填写完毕……

这样的销售员，怎么能够具有高效的执行力？再看看男性销售员是怎么做的。

(1) 将要做的事情写下来

通常，男性习惯于将要做的事情写在纸上。这样就等于将问题一一固定，不会产生"东一榔头西一棒子"的现象。

(2) 优化顺序，明确排列

接下来，男性会将这些要做的事情进行分析，排列出优先顺序。这样，自己不会感到问题过多，从而导致无法下手。

（3）根据顺序一一解决

当要做的事情已经有了一个条理后，接下来就可以逐一去完成。做不完这件事情，就不开始下一件事情，这样就能有效避免半途而废的情况出现。

如此条理化的安排，男性销售员的执行力自然远远高于女性。工作没有计划，想起什么就做什么，并不断地改变，那么即使再热爱本职工作，执行力也不会高到哪里去。

化不可能为可能——男性执行力的终极体现

男性销售员与女性销售员在应对销售中的"不可能"时，有很大的差别。这些差别究竟从何而来呢？如果是能力、实力之差，则很简单，但实际上又不尽然。男性具有行事果断、执行力强的优势。而在大多数情况下，男性销售员在面对客户拒绝时，更有化腐朽为神奇的力量。

比如，销售人员上门推销，大多数客户会本能地排斥，总是会冷冰冰地打发销售员走。遇到这种情况，女性销售员就会觉得自己的推销好像不可能往下进行了。但是，将不可能的事情化为可能，这就是男性销售员发挥其执行力的终极方法。

那么，通常情况下，客户会以怎样的方式阻断销售人员的销售呢？了解到这些方式，男性销售员的执行力就有发挥的余地了。

（1）正确应对客户的"我很忙"

众所周知，客户为了打消销售员的销售念头，通常会以忙来搪塞前来推销的销售人员。一般情况下，在得知客户很忙时销售员就会打退堂鼓，不好意思再打扰客户。但是，这其实正是考验男性销售员执行力的时候。

保险销售员小伟正在通过电话跟客户推销保险。

客户："我现在很忙，你把相关资料寄过来吧！"

销售员小伟："我向您推销的这份保险不是自己分析资料就能决定的。我知道您很忙，这样好了，明天中午我请您吃饭，不耽误您的工作时间，到时候彼此交换一下意见。"

客户："谢谢你，不过我最近都很忙，改天再说吧。"

销售员小伟："但您也知道，保险销售员也最重视时间观念，到时候就利用几分钟的时间和您交流一下好吗？请放心，不会耽误您的事情的。"

听到小伟这样说，客户只好答应了。

销售员需要明白，大多数情况下，客户说"太忙"、"没有时间"其实只是个借口。就算他真的很忙，如果想见你的话，也会挤出一点时间的。这时候，就需要男性销售员大胆发挥自己的执行力，以最快的速度扭转客户的观念，将不可能再往下进行的销售变成有可能的事情。

（2）及时拆穿客户的"从众心理"

很多时候，当你向客户推销自己的产品和服务的时候，客户会问你：有多少人买了啊？谁买了？然后再来一句："等别人都买了我再买。"看起来这是客户的一种从众心理，其实，这也是客户敷衍销售员的方式之一。

张力是某品牌化妆品的销售员。有一年夏天，他顶着炎炎烈日到一位女客户家里推销防晒霜。开始，客户并不怎么喜欢他推销的东西，在得知张力是由自己所在公司的同事介绍来的之后也没有动心。

当张力告诉她，他的这款防晒霜是专门为夏日郊游防晒而研制的，而她所在的公司有很多人都买了时，这个女性客户就说："那等更多的人买时我再买吧。"

张力听后又说："我听说，你们公司近期将组织一次郊游，到时候你临时再买这么好的防晒霜可就难了。"客户一听，就决定先买了备用。

这样的男性销售员在遭到客户搪塞时，会很快地来一句：到您需要的时候，能不能照顾到您我就不敢保证了。聪明的男性销售员利用自己的执行力快速转移了话题，把客户的"从众心理"上升到了客户需要的层次上，从而打消了客户想要"从众"的可能性，快速地扭转了不利局面。

提升执行力的关键——及时解决问题

男性销售员一定要记得，只有利用自己的执行力将面前的事情逐一解决，状态才能保持到最佳。尽量不要把事情往后推，因为推到最后事情往往会不了了之。不可否认，有些人因为性格的关系，总是不习惯把事情立即处理完，而总是往后拖延。这样的人在销售行业是做不下去的，因为他们没有逐一攻克难点的执行力。

美国总统艾森豪威尔曾经说过："要想继续做好繁忙的总统业务，我发现唯一的方法，就是一时做一事，绝对不能把工作留到第二天。"坚决执行自己的决定，去做眼前的事情，不论这个事情有多么繁琐，这在销售工作中尤为重要。销售员在面对客户时，遇到难解决的事情时，作出决定并不难，难的是执行自己的决定。在这个过程中，销售人员可能会遇到各种各样的困难，但千万不要放弃。俗话说得好，要想摘到别人摘不到的蘑菇，就必须走别人不敢走的路。男性销售员要大胆、果断地发挥自己执行力强的优势，这是成就自己的关键。

总之，男性销售员在面对工作时，一定要告诉自己：不要留到事后再处理，现在就应该开始做。这样，执行力才能成为自己从事销售工作最大的魅力！

第四章
扩大优势的利器

在销售中，进一步利用你的天生优势，将助你
所向无敌。例如你的亲和力，你的人脉网，你
的口碑。倘若能将这些优势进一步扩大，那么
你就将成为下一个原一平与乔·吉拉德！

在专业的基础上展现亲和力

"世界上有两件东西比金钱更为人们所需——认可与赞美。"

这是美国著名企业家玛丽·凯的一句话，如今被奉为销售行业的经典名言。也许只是简单的一句赞美，也许只是一个得体的动作，你的客户就会立刻感到你是值得信任的，因为他们感受到了你的亲和力。这一点，恰恰是男性销售员的特长——男性更善于表达，更善于借助专业性传达亲和力。

亲和力——提高销售成功率的秘密武器

亲和力，就是一种使人亲近、愿意接触的力量。一个专业知识过硬的男性销售员，势必会得到客户的信任；倘若在此基础上再加入亲和力，他甚至可以得到客户的依赖，在销售领域无往不胜。

男性的特点和优势是什么？眼光敏锐、举止绅士、语言风趣、善于沟通……这一切，正是男性销售员展现亲和力的最佳渠道。既然我们的身上有诸多特质，就应该尽情发挥！如果你能尽可能地贴近客户的内心，那么客户就会发现商品背后的情感价值，从而大大提升销售成功率。这无疑在专业知识过硬的基础上，又为成功签单添上了厚重的筹码。

作为一名汽车销售员，在经历了数年的工作后，费克林总结了一套属于自己的经验——多展现自己的亲和力。

有一次，一位中年女士来买车，费克林的同事显得心不在焉，这让这位中年女士很是失望。眼见这位客户就要离开店里，费克林急忙赶了过去，并主动询问顾客买车的原因。

"明天我就要度过45岁生日了，所以我想买一辆汽车送给自己。"那位客户说道。

"哦，是吗？"费克林表现得就像一位老朋友，"生日快乐，美丽的夫人！"说完，他一边带领妇女参观，一边吩咐身边的人买一束鲜花过来。站在一辆洁白色的轿车前，费克林向这位女士介绍起这款车来。对于他的专业知识，那位女士佩服不已。

不到十分钟，鲜花已经送到店里。这时，费克林把鲜花送了上去，并亲切地说道："生日快乐，夫人！祝您永远年轻！"

费克林的这个举动，让这位中年女士非常惊讶。片刻后，她流下了激动的泪水："我已经很久没收到礼物了，你是这么多年来，第一个送我礼物的人，非常感谢！"自然地，她也买下了费克林推荐的那款汽车。

相信没有一个顾客，会在费克林的这般亲和力面前说"不"。汽车只是商品，没有附加价值，但是费克林用行动告诉你：汽车也可以有附加值，顾客有权选择买谁的汽车。那份附加值，就是由销售员的亲和力带来的温暖。费克林能做到，我们同样没问题。所以，我们应该激活"亲和力"这一特质。

作为一名男性销售员，你绝不会像某些女性一般扭扭捏捏放不开；作为一名男性销售员，你一定会在最短的时间里，用最简洁、最有效的语言与客户进行沟通……这些特质都能展现出我们的亲和力，让客户感受到浓浓的情感。虽然情感因素是看不见、摸不着的，但只要巧妙利用，它就能触动客户心里最脆弱的神经，让对方的心理防线不攻自破。这就是男性的特长，这就是男性的魅力。

现在你一定明白该怎样做了：作为情感表达丰富的男性销售员，就应该善于发挥情感的作用，尽可能地展现优势，表现出亲和力。每个人都有各种各样的情感，而这些情感有时候就是人性的弱点。如果我们能从顾客的情感中发现机遇，继而展现出自己的亲和力，不断触碰客户的那根敏感神经，拉近与客户的距离，他就会对我们销售的商品欲罢不能，真正做到非买不可。

亲和力发挥法则

有时候，顾客需要的是一个微笑，是一声问候……这些细节都是我们能瞬间做到的，它们都可以表现出亲和力。每一个男性都有这方面的特质，只要能够灵活运用，那么必然能发挥出亲和力的"威力"。

（1）打招呼彰显亲和力

与客户接触时，我们要做的第一件事情就是打招呼，即寒暄。

有人认为寒暄只是一种客套，营销大师原一平却认为这是一种错误的认识，他说："正确的寒暄必须在短短的一句话中，明显地表露出你对对方的关怀和尊敬。"

我们举一个例子。

早晨王彤刚走出家门就碰到了张轸。此时，王彤可以用两种方式和张轸打招呼。

第一种打招呼的方式是："早上好！张老弟，看你脸色不错，要中大奖啊！"

第二种打招呼的方式是："早啊。"然后匆忙离开。

很明显，第一种方式会让张轸感到一股暖意，对王彤留下好印象。第二种方式的感觉是纯粹为了打招呼，与"喂"、"嘿"等没有什么区别，让人听上去觉得冷冷的。其实，每一个男性都会有一套属于自己的打招呼技巧，那么在工作中就应该积极发挥，第一时间拉近与客户的距离。

（2）开场白俘获人心

男性的特点在于：不会像女性一样过多介绍，而是通过简单但清晰的语言做好开场白。这显然是男性销售员的长处，应当积极发挥。因为客户在听取销售员的开场白时，要比听后边的话认真得多。因此，同客户见面前，要先想好开场白应该怎么讲，以达到吸引客户注意力的目的。你可以观察客户的年龄与着装，从而对客户进行简单的身份判断，这样开场白就能做到有的放矢，让对方感受到你的亲和力。

（3）握手细节传递情感

相较于女性，男性更习惯和善于握手，这对销售工作非常有帮助。当然，握手的细节我们也要注意。一般来讲，人在握手时用力不应过大，但稍微加点力可以让客户感觉你的真诚，能够带来良好的第一印象。但如果做得过分，则会适得其反。

同时，握手时伸手的快慢，也会展现出销售员截然不同的亲和力。握手时伸手快表示真诚、友好、乐意交往、重视发展双方的关系；握手时伸手慢则表示缺乏诚意、信心不足、无进一步深交的愿望。哪一种更能打动客户，这不言而喻。

更重要的是，握手时一定要面带微笑。快乐是会传染的，当看到你的快乐时，客户也会心花怒放，购买欲望大大增加。

（4）展现礼貌的特质

想要最大限度地发挥亲和力，自己必须彬彬有礼，例如随时说声"早安""午安""晚安"。此外，交谈时一定要礼貌，这样才能给客户留下好印象，从而让客户感受到你的亲和力。

尤其要注意的一点是对于客户的身份称呼。有的男销售员过于随意，甚至采用"哥们儿"这样的称呼，这显然容易引起对方的反感。通常情况下，我们都会事先了解到约见的客户的姓名、职务衔级，那么销售员就可以使用姓氏加职务来称呼他，比如客户姓陈，是一位经理，就称他陈经理。

这样做的目的，不仅在于对客户的尊重，还会让客户对你的记忆力和亲和力产生佩服感，进而感到比较愉快。同时，反复的称呼也会增加亲切感。只要做到礼貌热情，客户就会对你留下较好的印象,不会着急地将你"扫地出门"。当给客户留下良好的第一印象后,销售活动的进展就会顺利许多。

（5）发挥语言的优势

通常来说,男性的语言较为简洁、干练,很容易表现出亲和力。啰嗦和繁冗的语言,会让客户认为你是在背诵资料,骤然升起一股排斥感。所以,尽可能用简洁化、生活化的语言,才能表现出自己的亲和力。尤其是对于汽车、保险等行业的销售员,由于很多知识都有很强的专业性,而客户并不一定非常了解,就容易出现理解偏差,进而对销售员感到不信任。

试想,一个销售员用通俗易懂的语言去解释,而另一个销售员却用专业词语去解释,最后客户会相信谁的解释,和谁签单呢?

（6）发挥手势的优势

肢体语言,同样可以表现亲和力。相较于女性,男性销售员的肢体语言更灵活。如果销售员善于使用手势,就能给客户留下好印象,提高推销效果。比如,一些销售员向客户作说明时,皆以手背朝上的姿势指引客户观看说明书。其实这种手势相当不好,因为这样做给人的心理暗示是有所隐瞒。因此对销售员来说,应当手掌朝上为佳,给对方看手掌就表示坦白。

（7）亲和力的终极发挥:站在客户的角度考虑问题

想要将亲和力发挥到极致,我们就必须激活这样一个特长:站在客户的角度考虑问题。只有让客户感受到你并非为了推销而推销,而是切切实实站在他的角度为他着想,他才会对你产生信任和依赖。否则即使我们的态度再好、语言再简洁,也不可能打动客户的心。

陈磊是一名保险销售员，在进行问卷调查时与一名刘先生进行了一番简短的交谈。刘先生希望陈磊帮他分析一下曾经购买的保单，以便更清楚相关的利益。

　　在询问刘先生的过程中，陈磊得知刘先生在三年前购买了一份保额为 5 万元的重大疾病保险。然而，这份保单的保障与刘先生的收入和家庭状况都不匹配，于是他对刘先生说："刘先生，您的保险与您的身份并不合适，您可以再为自己购买一些重大疾病保险，从而搭建较为全面和匹配的保险保障。当然，我不能在这里就说明需要再增加多少，否则那就是不负责。能否让我进行分析后，改天带着详细的方案去拜访您？"

　　陈磊这种负责任的态度，自然让刘先生大加赞赏，双方相约后天再见。

　　到了约定的那天，陈磊准时来到刘先生的办公室。刘先生对陈磊的保险设计很满意，于是决定退掉原来的保单，重新在小陈这里购买足额的保险。

　　通常来说，销售员见到这种情形，自然巴不得对方赶紧签约。然而，陈磊却及时地阻止了刘先生。他说："虽然您曾经购买的保险保障不足，但毕竟那是一份很好的保障。而且，退保会扣除相关费用，造成不必要的损失。所以，您不必退掉保单，只需在原来保单的基础上进行补充就好。"

　　陈磊的一番话让刘先生大为感动。他没想到，竟然有从客户角度看问题，而不是一心钻在钱眼里的销售员！凭借着刘先生的信任和推荐，陈磊得到了更多的客户，取得了非常优秀的成绩。

陈磊可谓将亲和力展现到了极致，因此客户自然愿意与他合作。这一点其实每一个男性销售员都不难做到，只要能够设身处地地站在客户的角度看问题，那么你的成绩一定比陈磊更优秀！

唐朝大诗人白居易说过："动人心者，莫先乎情。"人非草木，孰能无情？所以，发挥自己的情感特长吧，这样你就会激发客户的情感，俘获客户的心。我们都是活在世界上的人，七情六欲大体相同，如果把自身情感与客户分享，客户极有可能和你产生共鸣，然后就会选择购买你的商品。

利用交际，建立人脉圈

"不断去认识新朋友，不断拓展人脉，这是成功的基石。"这句话，相信我们都不会感到陌生。在生活和工作中，一个人不仅要懂得积累知识和阅历，还要懂得积累朋友。而在销售行业，没有人脉几乎是寸步难行，清楚这一点，男性销售员就应当利用交际建立稳定的人脉圈。

人脉——销售员的护身符

没有人脉的销售员是寸步难行的。可以说，人脉就是销售员的护身符。一个篱笆三个桩，一个好汉三个帮。每个人的进步，都要借助于各方面的社会关系。一个男人仅靠个人的聪明才智和勤奋努力，很难得到社会的承认，而想要获得事业的大发展，扩大社交圈是必需的一环。

良好的交际能力是男性销售员的独特优势，可以帮助我们拓展人脉。而在此基础上，男性销售员还要不断地拓展自己的人际关系网，使其更加牢固和稳定。想要做到这一点，男性销售员首先要确定自己的职业目标，并以此为依据锁定应该结交的客户群。

孟易鹏是一个初入销售界的保险销售员，刚进公司时，一个老销售员就告诉他："跑销售，最重要的是能跑出人脉来，有了人脉其他的就容易得多了。"孟易鹏刚开始还不大明白这句话，但他觉得前辈的话总有他的道理，以后自己不妨多注意一下人际交往。

在跑保险见客户时，他对客户就像对待朋友那样，保险知识讲得详细，对客户利益照顾有加，连利弊也帮客户分析得仔仔细细，这样的态度没有一个客户不喜欢。更重要的是，他还时不时地问候一下客户的工作和生活，让客户很开心。

慢慢的，孟易鹏发现，自己的客户越来越多，而且都是与自己先前的客户多少有些关系的人。后来再加上自己在人际关系上的努力，他建立了一个属于自己的人脉圈，而这个人脉圈正在帮助他获得一个又一个的业绩。

从这个例子我们可以看出，好的人脉对一个男性销售员来说至关重要。广结朋友，这正是男性的专长，所以一定要充分发挥。当然，建立人脉时要记得，每个人都有独特的优点，人脉网一定不能太单一，不要完全局限于自己的同行或具有共同兴趣爱好的人，而是要做到优势互补。销售就是跟各行各业的人打交道，销售人员自然就要与形形色色的人建立人脉关系。

良好的人脉是销售员走向成功的基础，人脉其实正是钱脉。一名销售人员能否创造出一流的业绩，就在于他是否拥有一张庞大的人际关系网，并能够从中选出一些潜在的客户资源。大量实践也证明，拥有良好人脉基础的男性销售员，在销售的道路上往往比那些没有人脉的销售员走得更轻松，取得的成就更高。因此，说人脉是销售员的护身符一点也不为过。

男性销售员建立人脉圈的两大法宝

优秀男性销售员的成功之路都是从寻找准客户开始的。日产汽车公司销售大王奥诚良治就很重视积累人脉。他发现每寻找 25 位客户，就有一人对购买汽车感兴趣；每 4 个对汽车感兴趣的人中，就有一位会购买汽车。于是他规定自己每天必须寻找到 100 位客户。

找客户的过程，就是一个锻炼交际能力、积累人脉的过程。虽然男性销售员在处理人际关系上有很强的优势，但是为了进一步提升自己的优势空间，获得更好的销售业绩，掌握一些建立人脉圈的方法还是很有必要的。让我们来看看建立人脉圈的两大法宝，相信这是每一位男性销售员都迫切需要的。

（1）利用身边的关系网

聪明的男性懂得利用身边的资源为自己的销售工作服务，而熟人和朋友就是自己身边的潜在客户资源。一个销售人员初期所做的业务，大部分来自他们进入销售领域前所结识的朋友。

善用过去的关系网，这是发掘客户的最基本原则。一个人在世上，总是要与很多人来往，除了家庭成员以外，他还会有亲戚、朋友、老师、同学、同事……这些人所拥有的关系，都是自己的发展对象。尤其是在中国这个特别讲究人际关系、重人情的国家，一个人利用关系网做销售会更加得心应手。因为只要你突破了一个人，那么就有可能突破他后面的一群人。

另外，还可以通过社会活动扩大交际范围。比如，举办同学会，参加业余的剧团、乐团、合唱团等，这些都是扩大交际范围，交到更多朋友的理想做法。

除了关注亲戚朋友，还要记得有一句话叫"远亲不如近邻"。无论你是住在单位大院还是生活小区，都会有大批低头不见抬头见的街坊邻居，这也是一个极有开发潜力的客户市场。因此，作为一个优秀的男性销售员，首先就要做一个有心的人，经常和邻居聊聊家长里短，逗逗邻居家的小孩等，这些都是发展潜在客户的前提准备。

陈强是某品牌洗衣粉的销售员，经常跑往各大超市推销洗衣粉。他住在一个热闹的生活小区，与邻居们的关系都很好，一有空就陪邻居老大爷们聊天下棋，看见老人们家里有什么重活也就随手做了。

有一天，陈强陪着邻居王大爷下棋，不过他显得有些心不在焉。王大爷问他怎么了，他就随口说："是工作上的事，最近压力大，上级又加大了销售任务。这不，为了完成这个任务，我几天没休息了。"

王大爷听后就笑着说："没事，兴许明天情况就好些了。"

没想到，第二天情况真的好转了，有一个大型超市跟他联系要订购一大批洗衣粉。这个单子一签订，他不仅完成了销售任务，还因为超额完成任务拿到了奖金。后来，陈强才知道是王大爷帮了自己的大忙。王大爷的儿子是某大型超市的老总，老人早想答谢陈强作为邻居对他的照顾，但是总被陈强拒绝，这次总算找到了合适的机会，还答谢到了点子上。

知道这些后，陈强很是感慨，没想到自己为邻居做些事也能对自己的销售工作有帮助。从此，他更加注意和街坊邻里的相处了，因为这里也藏着无尽的人脉！

由此可见，销售人员利用好自己身边的关系网还是很有好处的。因此，我们要对亲戚朋友、街坊邻里多一些关爱，建立良好的关系，这不仅是生活的需要，也是工作的需要。

当然，有时候自己找周围的亲友、邻里帮忙也免不了遭到拒绝，但是不必感到难为情，因为人都是重感情的，哪怕是拒绝，对方也会委婉一些。

（2）用真诚建立自己的人脉圈

任何的推销技巧与方法，都必须以真诚作为基础，在销售中建立人脉圈也是如此。一个真诚的销售员才可以打动客户，为自己建立一个强大的关系网。

销售员在与客户接触时，要做到真诚就要把握好分寸。比如，赞美客户时不能毫无根据地奉承，与客户交流时也不要不顾人格尊严低声下气。只有做到真诚而不虚伪，热情而不过分，才能真正赢得客户，从而使其变成自己的人脉。

在一个大型进出口商品交易会上，一位英国商人拿着一件毛绒玩具样品，四处寻找能在明天把样品复制好的厂家。

令他失望的是，问了好多家工厂，得到的答复都是一个月才能做好。正当他着急时，上海某玩具厂的销售员走到英国商人面前说："这笔生意我们厂能做，明天上午10点钟，我保证拿出复制样品来。"

英国商人担心地问：“不是我不相信你，但你们的厂远在上海，明天上午交出复制样品，这怎么可能？”

听完外商的话，销售员胸有成竹地对他说：“我们用信誉作保证，说明天上午交货就是明天上午。”

英国商人听后，仍然十分疑惑，但由于没有更好的办法，也就答应了。

销售员回到住处，便和同事们忙了起来。设计员忙着剪图纸、剪绒，制作人员赶紧加工制作，而他则给大家打下手。

忙了一夜，第二天上午 10 点钟，销售员准时带着五件复制样品出现在英国商人的面前。仔细地看完样品后，英国商人高兴地说：“样品质量很好，但我更看重你们的真诚守信。”

最后，英国商人当场向该厂订购了好几万件这种玩具。之后几年，这位英国商人也给这个厂的对外贸易提供过一些帮助。而且，随着这件事情在商界的传播，有更多的客户主动来找这个厂合作。

从以上案例得出的结论是，对客户真诚的销售员，也必然会赢得客户的青睐。真诚能使你身边聚集更多的客户，无形之中为你构建出一个轻松自在的人脉网。

借助口碑宣传，让客户成为
你的朋友和销售员

男性销售员应当明白，自己大部分的业绩是来自于进入销售领域之后结识的朋友，以及朋友介绍的朋友，同时也是来自于进入销售领域之后开发的客户，以及客户介绍的客户。明白这个道理之后，优秀的男性销售员往往会联系到自己的优势，进而思考如何进一步让客户成为自己的朋友和销售员。

守卫口碑——重视面前的每一位客户

男性销售员的优点之一，就是重视自己的客户。但怎样才能进一步完善这个优点，让客户成为自己的朋友和销售员呢？这就需要男性销售员首先树立良好的口碑，给客户留下好印象。除了重视大客户和已有客户外，更要重视自己面前的每一位客户。

"250定律"是世界著名销售大师乔·吉拉德发现的，他曾自豪地说过："'250 定律'的发现，使我成为世界上最伟大的销售员。"乔·吉拉德发现"250 定律"纯属偶然。在做汽车销售时，吉拉德经常去参加亲朋好友举行的葬礼。慢慢地他发现一个奇怪的现象：每次参加葬礼的人数，一般都是 250 人左右。因此，拥有职业敏感性的他惊喜地得出这样一个结论：每一位客户背后，大约有 250 名亲朋好友。

由此可知，销售员不能轻易得罪自己的客户，因为每一位客户的背后，都有 250 位潜在客户，得罪一个就间接地得罪了 250 个。

小杨跟几个朋友去附近一个家电市场买空调。看到 ××× 牌的空调，小杨正想走过去，却被朋友小刘拉住了："别去那家买空调，那里的销售员服务态度很差，我就在他们那里吃过亏！"听小刘这么一说，其他的朋友也附和道："就是，反正都是掏钱买东西，干嘛找气受，去别处看看……"就这样，一大群朋友就转向别处看空调去了。

有时候，销售员得罪一个客户，就在不知不觉中失去了一大群客户。所以，销售员一定要重视面前的每一个客户，保证自己的口碑，更保证客户不流失。

让口碑为自己的销售打广告

男性销售员重视自己的客户，是因为他们懂得"金杯银杯不如顾客的口碑"。有时候，顾客的一句话就顶得上销售员十句话，这是因为买卖方各自所扮演的角色不同，买者更相信买者。因此，想要在自己原有的优势上更进一步，男性销售员不妨从以下三个方面着手。

（1）借助别人的评价为产品和服务作宣传

这种借助别人的评价为产品和服务作宣传的方法非常有效，但是切记不要说谎！说谎后被识破，会让销售员处在非常不利的境地，所以应该尽量引用事实来推销。

大部分客户对销售员的印象都不好，觉得销售员就是为了业绩才跟自己说东说西的，从内心深处不怎么信任销售员。而这个方法的妙处就在于，引用了其他客户的评价来游说眼前的这位客户，让他放心地购买你的产品和服务。

在出售一块土地时，面对犹豫不决的客户，有位聪明的男性销售员说："前不久一个客户也来此地看过，他觉得非常满意，想在此地盖一个大商场。可惜后来他因资金周转困难而无法购买，我也为他感到遗憾。他还告诉我，这个地区即将开发一条大型商业街，几年后这里就将成为新的繁华地段！"

听完这话，客户很快就下定决心买下了这块土地。

当然，如果你引用的评价是眼前这位客户完全不感兴趣的，那样可能也起不到什么作用。销售人员最好能找到客户身边的人或者一些家喻户晓的名人说的话，这样的宣传效果会更好。这就是为什么各大地产商在开盘之际，总会邀请各大明星前来助兴——明星的号召力很大，总能吸引客户的注意力。

（2）重视老客户的宣传效应和推荐

在借助口碑方面，销售员最大的成功之处，就是重视老客户的宣传与推荐。他们知道销售中有一个滚雪球效应，就是销售员利用老客户为自己带来更多的新客户。所以，深谙此道的男性销售员总是在老客户的基础之上，挖掘更深层次的潜在客户。

老客户是销售人员最好的客户，由他们推荐的生意成功率高达60%，因此，销售人员要重视老客户推荐的每一个人。对很多有经验的男性销售员来说，重视被推荐的客户是他们提高销售业绩的重要途径。

赵鑫是一家保健品公司的销售员。他每天的工作就是拜访客户，向他们讲解保健知识，进而推销自己的产品。因为讲解详细、做事认真，他身边聚集了许多老客户。多数情况下，买保健品的都是老年人，这些老年人觉得赵鑫的保健品好，又对他们服务周到，就会在出去喝茶聊天、练太极的时候和同伴们说起，有的干脆就直接把赵鑫叫来，给他推荐客户。因此，赵鑫的保健品卖得越来越好。

优秀的男性销售员在看到了老客户的巨大价值后，通常会费尽一切心思巩固与客户的长期关系。有了这种长期的合作关系，销售人员在进行销售时就可以请老客户推荐他身边的朋友，以及作有利的宣传。

既然老客户的宣传推荐作用如此重要，那么，在此就为各位男性销售员提供几个使老客户变成销售员的小方法。

◎在与一位新客户签单成功后，要及时送上一份礼物或者打一个感激的电话，发一个简单的答谢邮件，这样会给客户留下极好的印象。

◎逢年过节的时候，给客户寄个卡片或小礼物之类的，给客户点小惊喜、小感动。

　　◎制订一个定期拜访客户的计划，不要让客户忘记你的存在或是让客户觉得你遗忘了他，这样在下次有业务时他可能还会找你。

当然，即使与客户的某次交易不成功，销售人员也要保持对客户的热情。因为虽然他不需要你的产品和服务，但他的亲戚朋友可能需要。与一些潜在客户保持这种长期关系，将其发展为你的老客户，可以使你的业绩突飞猛进，即使在市场低迷的时候，你也可以利用这些老客户维持生存。

（3）培养忠诚度高的大客户

培养忠诚度高的大客户，其实与发展老客户有异曲同工之妙，都是销售员借助客户的口碑来宣传自己的产品和服务的。当然，要想培养大客户的忠诚度，销售人员必须跟客户建立起一种彼此信任的关系。只有做到彼此充分信任，客户才能在你最需要的时候帮你一把。

拥有高忠诚度的大客户，可以为你提供坚实的事业基础和发展平台。因此，培养客户的忠诚度，让客户帮你做广告，对你发展销售事业是很有利的。

龙先生负责广告销售，某知名食品公司是他的主要客户之一，双方之前合作相当频繁。但是，最近龙先生的公司出了点状况，有客户投诉公司的服务有问题，为此，龙先生也失掉了几个客户。看到这种情况，业界甚至有传言，龙先生的公司可能将由此一蹶不振。

龙先生很害怕这种传闻，因为在这样的风口浪尖上，传闻无异于雪上加霜，听到传闻的客户会不愿意与公司合作的。正当龙先生一筹莫展时，那个知名食品公司找到了龙先生，说要谈一个新的食品广告合同。龙先生大喜过望，他知道这家食品公司的影响力很大，一个合同就能扭转自己公司的状况。

　　果然，合同签好，工作完成之后，龙先生所在的公司又重新步入了轨道。就这样，其他处于观望中的公司也与龙先生签了合同。

　　为什么这家食品公司要这样做？这是因为龙先生平常的工作做得认真仔细，同时很注意维护客户关系，让这家食品公司对其产生了强烈的信任，成了他的忠实客户。在得知龙先生"有难"时，他们自然愿意提供帮助。

　　由此可见，销售员只有以忠诚度高的客户做广告牌，才能让更多的客户慕名而来。那么怎样才能培养客户的忠诚度呢？销售人员不妨在工作中注意以下两个方面。

　　①尽量满足客户的一切要求

　　在市场经济条件下，客户就是上帝，应该充分尊重客户的一切决定，尽量满足客户的所有要求。这样，才能让客户愿意买你的产品和服务。

　　②相信客户的实力

　　一个聪明的男性销售员，既然想把一个客户发展为忠诚度高的大客户，就应当充分相信该客户的实力。只有建立在彼此信任的基础上，客户才可能成为与你同进退的可靠盟友。

　　借助客户的口碑作宣传，让客户成为你的朋友和销售员，这是很考验男性销售员销售功底的。注意老客户的推荐，是因为推荐可以为销售人员带来更好的信誉，不管是否与被推荐的客户成交，他们都会觉得你值得信赖。而忠诚度高的大客户就是最好的广告，可以扩大你的产品和服务的影响力。所以，我们要借助口碑的优势，努力取得客户的信任，与客户成为朋友，这样必然可以得到客户高度忠诚的回报！

全情投入，让客户满意并感动

在工作中，销售人员做好本职工作才能取得良好的业绩，才能得到上司和客户的肯定。但是，作为一个优秀的男性销售员，我们的追求不止于此，我们不仅要让客户满意，还要让客户感动，这就需要我们在工作中做到全情投入。而投入本来就是男性销售员的特点，只要把这一特点发挥到实处，就会取得意想不到的效果。

热爱你的工作，关心你的客户

有人说，只要爱上工作，就能做到全情投入。这句话一点都不错。但是，真正要做好自己的工作，只是爱这份工作还不够，还要爱惜你在这份工作中接触到的人。只有让这些人满意了，你的工作才算没有白费，你才会更加愿意把自己的精力投入到这份工作中来。

做销售工作尤其需要这份投入的心态。因为在销售的过程中，销售员要想做到让客户满意，就要多投入一点，关心客户的生活和工作。在了解到客户的需要和难处后，要给予客户应有的关心，帮助客户解决烦恼，让客户在满意你的工作之余生出感动之情。这一点，相信所有男性销售员都可以做到。

有一次，有位销售员找一位富翁为筹建新教堂募捐，但是富翁无情地拒绝了。得知这件事后，美国著名的销售员弗兰克·贝特克决定试一试，看自己能不能说动这位富翁捐款。

弗兰克·贝特克并没有立即对这位富翁展开拜访，而是先对他做了一下了解。结果贝特克得知，这个老富翁不理世事已经快一年了。原因是老人的独生子惨遭歹徒杀害，老人发誓要尽余生力量寻找歹徒为儿子报仇，但是几经努力都没有线索，因此伤心之余，就产生了厌世之感。了解到这些，贝特克就有了努力的方向。

第二天早上，贝特克就去拜访这位老富翁了。贝特克看到为自己开门的是一位满脸忧伤的老人，就知道这便是那位老富翁无疑了，于是说："我是您的邻居。您肯让我跟您谈几分钟吗？"

"请问您有什么事？"

"是有关您儿子的事。"

老人听了他的话，眼皮不由自主地跳了几下，说："那你进来吧。"

在老人的书房坐下后，贝特克小心翼翼地开始了他的谈话："我也只有一个儿子，他曾经走失过，我找了两天才把他找回来。因此，我能理解您的悲痛。我知道您非常爱您的儿子，为了让我们都记住您的儿子，所以我想请您以您儿子的名义，为我们新建的教堂捐赠美丽的彩色玻璃窗，上面会刻上您儿子的名字，不知您意下如何？"

贝特克的话说得很恭敬很温暖，老人听了很受感动，于是说："做窗户大约需要多少钱？"

"到底需要多少，我也说不清楚。您只要捐赠您愿意捐赠的数量就可以了。"

最后，老富翁终于在与贝特克的谈话中打开了心结，开始与外界交流，并为新教堂捐了 5000 美元的巨款。

当人们问起贝特克是怎么说动老富翁时，他道出了自己的想法："我去劝说那位老人，并不仅仅是为了得到巨额赞助，也是想让老人从孤独和悲痛中走出来。因此，我就跟他谈到了他所关心的儿子，用对儿子的爱唤醒了他将死的心，让他可以快乐地度过余生。"

优秀的销售员是不会只为销售而销售的，他们会在客户遭遇坎坷或不幸时给予关心，哪怕这些关心并不能帮客户解决什么问题，但至少可以让客户感觉到温暖。

了解客户，除了要定位你的客户群、服务模式、产品档次之外，还要关心客户的心理。只有做好这些，销售员才能真正走进客户的心里，做到全情投入。

用细节和认真的态度感动客户

在工作中投入多一点，相应的回报也会多一点，而销售工作中的投入莫过于认真和细心了。认真会让客户看到你对他和对工作的态度，而细心在细小之处下工夫，则会让客户感动。

这些小细节能够体现你的认真程度，在它们的作用下，你将不费吹灰之力就能跟客户建立起情谊。曾经有这样一位聪明的汽车销售员，他仅仅用了一条白色手帕就赢得了客户的好感。

有一位客户打算先在市场上转转，了解一下汽车行情，再决定购买一辆新车。于是，他开着自己的破旧汽车来到了一家汽车专卖店。他刚从车子上下来，一位汽车销售员就亲切地走到他的面前。对此，客户并不稀奇，但令他奇怪的是这个销售员并没有直接带领他去看新车，而是从手中拿出一条纯白的手帕，铺在他的旧车前，同时礼貌地说："请让我先为您检查一下车子，看有没有出现一些您没有注意到的小毛病。"说罢他就钻到了车底下。

没过一会儿，销售员从车底下钻了出来，然后边拍着沾满泥土的手帕边说："您的车子一切都很正常，不过用的时间久了，车子有些旧了，您是打算今天买一辆新的吗？"客户看到那条被弄得肮脏不堪的手帕，心里不禁十分感动，同时也对这位销售员的细心和体贴感激不已。

本来，这个客户是不打算马上换车的，但是当他看到这位销售员服务精神和态度这么好，就觉得买他的车绝对错不了，于是当时就买下了一辆新车。

这位销售员并没有运用什么销售技巧，只是运用了一个细节就赢得了顾客对他的感激之情。也许很多人会觉得难以置信，一条小小的手帕竟能取得如此大的功效？其实，这就是所谓的"细节决定成败"。一个小小的细节体现的是你对工作的认真程度、投入量以及对客户的尊重。

在销售中，男性销售员一定要做到全情投入，这正是我们的优势之一。在此基础之上，我们进一步持续跟进，这样成绩自然会令人刮目相看！

坚持想客户所想，急客户所急

站在客户的角度想问题，分析客户在业务中的利弊得失，是销售人员走向成功的前提。在工作中，销售人员的一个大忌就是不知道客户想要什么，不能处理好客户的利益与自身利益的关系。而许多男性销售员在这方面都做得很不错，很受客户的青睐，因为他们总是坚持想客户所想，急客户所急。

弄明白客户想的是什么

所有男性销售员一定都懂得，决定客户购买的四个要素分别是了解、需求、相信和满意，只有当这四个要素全都具备时，客户才会进行购买。由此可见，了解客户的需求是相当重要的，只有倡导以客户为导向的销售模式，才能取得成功。

正是因为愿意思考这样的问题，在销售领域中，男性才会比女性的成绩要好得多。当然在此基础上，还有更多的男性销售员进行了新的探索。

匈牙利全面质量管理国际有限公司的顾问波尔加·阿尔巴德提出了阿尔巴德定理，给销售人员带来了新的启示：看到了客户的需要，就成功了一半；满足了客户的需求，就完全成功了。因此，产品和服务是否能够销售成功，就看销售人员对客户的要求是否了解。

当然，全面了解客户并不是盲目地投其所好，更不是自己的主观猜测，而是应当运用一定方法，迅速找到客户的兴趣点，这样就能事半功倍。

某一年，日本东京银座的美佳西服店相当热闹。原因是为了扩大销售额，该服装店进行了降价打折活动。

为了使打折活动取得良好的效果，该服装店经理想出了一个好办法。那就是，发一个公告先介绍某商品的品质性能等一般情况，再宣布打折销售的天数及具体日期。最后在打折方法上，经理是这样规定的："第一天打九折，第二天打八折，第三、四天打七折，第五、六天打六折，以此类推，到第十五、十六天打一折。"

在实施这个销售方法时，出现了这样的结果：第一、二天顾客不多，来者多半是来探听虚实的。第三、四天人渐渐多起来，第五、六天打六折时，顾客蜂拥着购买。以后连日爆满，没到打一折时，就已缺货了。

看到打折活动这么成功，店员们都纷纷问经理这个打折方法妙在那里。经理高兴地说："那是因为我知道顾客想的是什么！试想，有哪个顾客不喜欢在这个打折活动中占便宜呢？"

上述销售的成功，是在于经理明白顾客所想的是什么，即：人们都希望买质量好又便宜的商品，但是又怕打折再低时，产品就没有了，所以才会竞相购买。经理了解到这一点，他所采取的逐步打折方法也就能奏效了。

所以，销售人员只有了解客户方方面面的需求，并最大限度地满足客户的需求，才能获得客户的信任。当然，有经验的男性销售员都明白，了解客户不仅仅是为了让客户跟着你走，你还要努力地去适应客户，做到急客户所急，才是真正意义上的赢得客户。

以客为尊，注重双赢

以客户为尊的销售员一旦见到客户，就会热情对待，主动询问客户的需求，随后不失时机地提出各种建议，使客户感觉销售员建议是在为自己着想。只有给客户这种感觉的销售人员，才能与客户更好地达成双赢。

（1）解决客户的当务之急，有助于自己的销售成功

在与客户交流的过程中，当听到客户在某些方面遇到了一些困难时，销售人员就应当仔细了解其中的缘由，让客户觉得你是一个值得倾诉的人。如果可以的话，销售人员还应当积极想办法，帮助客户走出困境。这样一来，既解决了客户的当务之急，又有助于自己销售的成功，何乐而不为？

王杰是公司的销售经理，业务能力相当不错。这一次，领导派给他一个很重要的老客户。因为是老客户，王杰觉得这次生意应该会很顺利。

但是，事情大大出乎了王杰的意料，因为还有一家竞争对手在

跟自己抢这个客户，而他们的产品价格更低一些。有了这个竞争对手，那位客户对自己的态度也和之前有所不同了。当然，因为王杰的公司与该客户合作多年，信誉方面更有保证，客户没有立即作出决定。因此，王杰不得不开始同对手竞争，以期赢得这个老客户。

一天，王杰和客户在一起吃饭，客户接到了一个电话。虽然只有短短的几句，但是王杰得知，客户为他的儿子办理出国手续时遇到了麻烦。了解到这件事，王杰感到机会来了。与客户吃完饭后，他立刻联系公司，请公司增加一个出国培训员工的名额。王杰办妥这件事后，才告知客户。客户很是感激，于是很快就与王杰签了合同。

这件事之后，这位客户与王杰便成了朋友，每次有业务就找王杰谈，并且给王杰签的单子也来越大了。

虽然销售员与客户是业务关系，但是在谈业务之余能为客户做一些力所能及的事，对自己将来的发展也是很有帮助的。男性销售员总是很注重这一点，他们在跟客户接触时，懂得为客户着想，在客户遇到难事、急事时总是乐于伸出援助之手。

（2）想客户所想，双赢才是最佳的销售目标

销售员与客户之间的销售过程，其实是一个相互满足利益、相互妥协的过程。如果在销售中不能实现买卖双方的共赢，那么成交就很难实现。实现与客户的共赢，需要销售员尽可能地想客户之所想，找到一个既可以满足客户需求又能获得利润的折中点，以最有效的方式实现成交。

男性销售员在销售中，最擅长做的就是从客户的角度出发想问题，用利益吸引客户，最终达到与客户的双赢。而大多数客户也是

在商言商，很欣赏男性客户的这一做法。

小成在一家电子配件公司做销售员。一天，他去拜访一位客户。在交流时，客户针对产品提出了问题："我和你们公司是第一次接触，所以想了解一下你们的产品质量怎么样。"

小成："我们公司的产品质量绝对有保障，这一点跟我们合作过的许多大客户都可以作证。而且，许多公司正是长期坚持使用我们公司的产品，才取得了令业界瞩目的成就。相信以贵公司的实力和影响力，如果与我们公司合作，工作效率也会大大提高的，这也有利于贵公司的品牌延伸……"

客户："但是，你们的产品价格比别的同类产品的价格要高，这是什么原因呢？"

小成："这正是因为我们的产品具有更卓越的性能，它能够为您创造更大的效益，与今后您获得的巨大利润相比，价格高一点也是很值得的。现在无论什么东西，都讲究附加值。也许我们的价格看起来有点高，但那份高附加值，是其他品牌所没有的。"

客户："你说得也有道理……"

小成趁热打铁道："我们当然知道所有人都很看重价钱，如果质量一样但我们的价格更贵，相信没有一个客户愿意与我们合作。我们也需要进一步发展，这必须依靠给客户提供高质量的服务，从而赢得口碑，实现双赢，这才是我们公司的发展目标。"

小成的这番话，让客户很是满意。又经过几次了解后，他终于在小成这里签下了订单。

并不是所有销售员都能像小成这样顺利拿下客户，因为很多销售员在与客户交流时，总是关注自己的销售目标，而忽略了客户的实际需求是什么。销售员任何时候都不能忽略客户的感受与需求，否则想要实现顺利成交几乎是不可能的。

所以说，在销售过程中，男性销售员在做好满足客户的需求上，还应进一步展现优势，让客户感到："我与他合作，得到的是一种双赢的效果！"当然，要做到这一点，下面这些技巧我们必须掌握。

①介绍产品时一定从客户需求出发

男性销售员在谈判时，总是会考虑客户的需求，满足了客户的需求，谈判就好进行了。所以，销售员在向客户推销产品时，要尽可能地从客户的实际需求出发，弄清楚他们需要什么或者在哪些方面面临着难题，并采取适当的方法予以解决。这样，客户会觉得你是在为他着想，签单时他就会表现得更加积极。

②让客户看到购买产品和服务的利益所在

销售的成功，很大程度上是由利益驱使的。因此，销售员要懂得将利益外露。让客户知道购买产品和服务可以为其带来可观的利益，才能吸引客户的眼球。但是销售人员一定要记得，给客户的利益是要实实在在的，是真的为客户考虑的切身利益。

总之，男性销售员要充分发挥自身的优势，用自己的敏锐、细心、才智为客户办实事，坚持想客户所想，急客户所急。只有让自己的销售优势最大限度地发挥作用，并持续跟进，才能使自己在销售的道路上披荆斩棘，越走越好。

第五章
克服这些，你能做得更好

俗话说，人无完人，身为销售员的我们同样如此。暴躁、粗心、自负……这些都是我们成就辉煌业绩的拦路虎。作为一个男性销售员，我们始终要记得：无论我们有多少优势，只有战胜自己的短板，我们才能在销售领域越走越远！

自作聪明，把客户当笨蛋

一个成熟的男人懂得尊重自己，更会尊重他人。在处理一件事情时，他们善于换位思考，不会自作聪明地想当然。但是，也有很多男性销售员，在面对客户时总是夸夸其谈，甚至不屑与客户交流。还有的男性销售员，甚至弄虚作假欺骗客户，把客户当笨蛋。虽然男性销售员有很多的优势，但这一个缺点就可能导致自己寸步难行。因此，男性销售员如果想把销售做得更好的话，就必须克服自作聪明的弱点。

自作聪明——男性销售的大忌

在面对客户时，男性销售员自作聪明的态度是不可取的。因为做销售最大的忌讳就是自作聪明，把客户当笨蛋。一个天天想歪点子，弄虚作假，欺骗客户的男性销售员，在销售行业是做不长的。事实上，男性销售员这种表面上看起来很聪明的行为，实质上是最愚蠢的，最多只是"暴发户"的作风。

一个成功的男性销售员，懂得万事需要不断地努力，而不是一阵子的投机。销售员可以欺骗客户一时，不可以欺骗客户一世。因为跟客户相处久了，客户就自然知道你是什么样的人，很快就不会再跟你打交道了。人是有聪明与愚笨之分，但大多数人的智商是没有多大差别的，因此，男性销售员在面对客户时一定要摆正态度。

现在，有很多自以为聪明绝顶的销售员，整天想着设陷阱让客户钻，以为这样自己就能达到销售目的。其实，他们不知道自己的这种"精明"只能发点小财，不可能取得大的成就。因为金钱只是企业实现自身价值的一个渠道，并不是最终目的。企业是卖产品和服务的，是以客户的满意度为尺度来衡量自身成败的，所以并不需要去欺骗客户。但是遗憾的是，有很多销售员并不明白这个道理，他们经常自作聪明地把客户当傻瓜哄，这样哄着做销售的人早晚会在销售领域无路可走。

李晨是某品牌点读机的销售员，初入销售行业，销售业绩还不错。但是，他总是觉得销售并没那么难做，客户也很好搞定。于是，在工作中他总是自作聪明地糊弄客户，以为只要告诉客户"为孩子好就买点读机"就行了，别的不用跟客户啰嗦，反正客户又不懂。

有一次，一位老大爷带着孙子来看点读机，问李晨点读机的用法。李晨见是一位老大爷，就随便教了几下。接着，老大爷又让他拿一个带话筒可以纠正孩子发音的点读机看看。当时，那个用来跟客户讲解的机子刚好被另一个销售员拿走了，李晨不想去拿新的，就顺手拿了一个只有点读笔的机子跟老大爷比划着讲。老大爷一看机子就火了，说："我说年轻人，现在手边没有机子你可以告诉我，我等会儿再来或者在这儿等你拿来都可以，但你不能这么糊弄人啊。你是看我老了，不懂现在孩子用的东西不是？"

李晨听了脸一阵红，但老大爷还没有完："我既然带孩子来买点读机，就对机子多少有点了解。我家大孙子的点读机就是我给买的，也是你们这个牌子的，觉得用着不错才又来的，没想到……"

正当李晨不知道怎么安抚老大爷时，另一个销售员回来了，了解情况后就连忙向老人赔不是，然后又开始仔细讲解点读机的功能。

这件事之后，李晨再也不敢自作聪明地怠慢客户，把客户当什么都不懂的傻子了。

现在之所以有那么多的人反感销售人员，就是因为有些销售员老是把客户当笨蛋来欺骗，客户受骗多了，自然就会对销售人员有戒备。这种现象也给广大男性销售员敲响了警钟：客户不是傻瓜，他们也在成长、成熟，自作聪明玩虚的那一招已经在客户身上不起作用了。所以，男性销售员要利用自己的各方面优势，迅速调整心态，改掉以往的坏毛病。否则，一直抱着把客户当笨蛋的心态，迟早会吃大亏的。

聪明的男性销售员在改掉自身坏毛病的同时，还要学会理解客户、尊重客户，帮助客户成长。如果一个客户不成熟、不理智，销售员不要觉得客户无知就去欺骗他。真正对自己和客户负责任的男性销售员，应当用真诚的心帮助客户选择自己所需要的产品和服务。同时，帮助客户也是在帮助自己，要相信自己的真诚付出总有一天会获得丰厚的回报。

怎样克服自作聪明的坏毛病？

自作聪明是销售的大忌，那么我们又有何种方法，来克服这种坏毛病？以下这几条建议，我们必须灵活掌握。

（1）让客户把话说完

自作聪明的销售员在面对客户时总是想当然，觉得客户就在自己的掌控之中，觉得自己为客户想的就是客户想要的，不听客户把话讲完就开始自以为是地讲述自己的想法。这样的销售员片面地认为：面对客户，靠的就是自己的嘴皮子。所以，他们一见到客户，就不管三七二十一噼噼啪啪地说起来了。

的确，好的口才是销售工作所必需的，可以帮助销售员赢得客户的好感。但是，向客户进行说明和游说，只是推销工作的一部分，而并非全部。因为销售工作是建立在聆听客户需要的基础之上的，不让客户把话说完就妄下结论，只按着自己的思路走，这在客户看来正是一种"自作聪明"。

王辉是某汽修公司的销售员，在某次向客户推销服务时，他与客户进行了以下对话。

王辉首先对客户说道："通过对贵厂的观察，我发现你们自己维修比雇佣我们花的钱要多，何不找我们呢？"

客户表示赞同："我承认我们自己干不太划算，而你们的服务确实不错，但你们毕竟缺乏电子方面的……"

客户还没有说完，王辉就急忙说道："这一点我知道，但任何人都不是天才，修理汽车需要特殊的设备和材料，比如钻孔机、曲轴、真空泵……"

客户忙解释道:"我知道,不过,你误解我的意思了,我想说的是……"

但王辉又没有等客户把话讲完,就再次说道:"我明白您的意思,就算您的员工很能干,但没有专用的设备也干不好活……"

这时,客户真的急了:"你能让我把话说完吗?你根本就没明白我的意思,我的意思是我们现在负责维修的员工……"

但王辉似乎并没发现客户的不满,继续说道:"再等一分钟,我还有一句话要说,如果你觉得……"

最后,客户终于忍无可忍了,拍着桌子吼道:"够了!你现在可以走了,以后也不用再来了。"听到这句话,王辉傻眼了。

从这个案例中我们可以发现,王辉作为销售人员,不仅不主动了解客户的需求,还几次三番地打断客户的话,这是推销中的一大禁忌。让客户把话说完是一种礼貌,也是销售最重要的一个步骤。如果销售人员自作聪明地把自己的意思强加给客户,把客户放在一无所知的境地,只会让客户讨厌他,更别提买他的东西了。

不论多么聪明、优秀的男性销售员都要记得:客户不是笨蛋。销售员在和客户交往时,需要的是双方的沟通、交流,而不是自作聪明的演讲。所以,销售员要谨记:不管自己多么出色,客户永远都是主角。

(2)不以自我为中心

很多销售人员总是抱怨:"哎,销售工作可真难做!客户总是一副居高临下的样子,只要我一辩驳,他马上就会给我脸色看……"如果你也总有这样的抱怨,那么这就证明你不是一个好销售员,永远得不到客户的喜爱。

其实，那些觉得客户傲慢的销售员是没有摆正自己的位置，太以自我为中心了。真正优秀的男性销售员，总是会把客户的不满当成自己进步的助推器，永远不会自作聪明地觉得客户错了，客户有多么蠢笨。

周杰在一家二手汽车行做销售员，但是他的业务一直不是很好。因为前来买车的客户总喜欢挑毛病，周杰明白，客户这样只是希望价钱能够降低一些，所以他也总是与客户争辩。

为此，周杰得罪了许多客户。为了改进自己的销售方法，周杰向另一个做销售的朋友请教。这位朋友告诉周杰，他的缺点就在于太以自我为中心了，总是摆出一副专家的样子辩驳客户，这样客户自然很不习惯。朋友进一步建议他：不要用"强迫"的方式替那些犹豫不决的客户作决定，也不要给那些太挑剔的客户建议买哪一个牌子的车，而是让他们自己拿主意。总之，让他们感觉到买什么样的车子自己说了算，你的职责只是适当作出肯定并给出稍许建议。

朋友的话让周杰恍然大悟。再次面对以往的客户时，周杰不再表现得那么自以为是，而是会谦虚地对他们说："我知道您对买车是内行，您看看，这辆汽车值多少钱，也好给我个建议，让我在交换新车时做到心中有数。"

这样转变心态和销售方式后，周杰的销售业绩果然提高了。

由此可见，在面对客户时，你越是想要解释什么，客户就会越反感，他们认为你是在强迫他们，也是在小瞧他们的智商和判断力。因此，在与客户的交流中，男性销售员要尽量避免以自我为中心，而忽略客户的主角地位的做法。

　　但是，有些喜欢自作聪明的男性销售员还是转不过来弯，觉得客户不懂，我给他免费上一课，这有什么不对？诚然，在道理上我们是"获胜"了，可是如果惹得客户不高兴转头走了，那在结果上，我们就"失败"了。我们始终要记得：销售员与客户谈话，目的是销售，而不是辩论，把客户捧为主角，引导客户买自己的产品和服务才是正道。而那些只会自作聪明，把客户当笨蛋耍的销售员，永远不能取得喜人的业绩。

粗心大意，总是功亏一篑

俗话说：细节决定成败。一个不注重细节的人，往好了说是不拘小节；往坏了讲叫粗心大意、做事毛躁。而在销售领域中，粗心大意却显不出任何"不拘小节"的气度，只能使销售功亏一篑。因此，那些经常"不拘小节"的男性销售员就必须改掉自己粗心大意的坏毛病。

粗心大意——销售路上的绊脚石

生活中，有些人平时对细节关注不够，就会为自己带来不顺心的事，甚至人的命运也会因为一些看起来微不足道的小事而改变。工作中，一个人的失败，往往也不是因为他的能力不足，而是他的粗心大意造成的。也就是说，细节虽然不起眼，却经常对生活和工作产生决定性的作用。

（1）粗心大意，忽略客户的心情

粗心大意、忽略细节，不仅是职场人士的大忌，同时也是通向成功的绊脚石。因为对于大多数职场人士来说，每天的工作不会有太多的挑战性，所以想要提升自己，更多的就是靠平时工作中的认真和细心。销售工作也一样，虽然销售员有"签大单子拿提成"的机遇，但是平时工作如果粗心大意的话，即使有好机会也会溜走的。

小陈是一名电话销售员，在一次跟客户电话联系时，由于不细心而得罪了客户，使自己几个月来的付出付诸东流了。

那天，小陈刚拨通客户的电话，就听见客户兴致勃勃地说："我跟你说啊，我儿子考上重点大学了！"

然而，小陈当时一边打电话，一边还在看一则新闻，根本没听见对方说什么。他说道："哦！您看我们这次合作，您打算订多少货？"

顿时，客户沉默了一下。

小陈又问："您看这个月的货……"

没等他说完，客户就生气地说："这个月不订了！"

小陈不解了："为什么呢？那以后呢？对了，你一开始说什么了？"

客户更生气了，干脆地说："以后你也别打电话过来了，我们的合作结束了！"

直到客户挂了电话，小陈也不知道是怎么回事。

这个案例中，小陈的失误就在于太过粗心大意，没有留心听客户的谈话，结果影响了客户的好心情。其实，小陈只要细心点儿，知道客户是想跟他说儿子考上大学的事，并简单地跟客户客套几句，表达一下祝贺之意，就可以促成合作了。结果，因为粗心大意，不仅没有让客户开心，还白白丢掉了客户。

由此可见，工作中的粗心大意真的是销售员成功的绊脚石。除了工作中的粗心大意，销售人员还应该注意个人的其他细节，这就要靠自己平常的观察和把握，注意随着具体情况而变化。

（2）粗心大意，忽略自己的举止

中国有句古话：大丈夫不拘小节。所以在日常生活中，男性销售员可能会忽略一些鸡毛蒜皮的小事，比如把自己的日常衣物随手乱扔、不爱干家务、花钱大手大脚等。但是，如果在见客户时粗心大意地把这些细节带出来，就难免给客户留下不好的印象了，甚至有可能让自己多时的努力功亏一篑。

林风是一个电器销售员。有一次他去拜访客户时，开门时用力很猛，声音很大，给接待他的秘书刘小姐留下了很不好的印象。这种开门方式是他一直以来的习惯，所以他就没有太在意刘小姐流露出的不满情绪。

刘小姐把他领到会客室时，林风心里还在想该怎样给老板留一个好印象。其实他这样想的时候，刘小姐已经将他开门不礼貌的信息传达给老板了。

"老板，×××电器公司的销售人员来了。"

"还挺准时，我准备准备马上过去见他。对了，小刘，你对他的第一印象如何？"

"不怎么样，看他穿着打扮挺讲究的，可他开门的声音很大，简直就是粗鲁，看起来很没有礼貌。"

"哦……"从秘书的口中，老板已对林风有了一个"第一印象"。可想而知，在这个第一印象的作用下，老板对他的态度也自然不会好到哪里去。就这样，一个小小的开门动作，让林风的业务泡汤了。

有时候，一个很小的动作或习惯都有可能影响到办事的结果。一个人的言行举止是他的素质和修养的表现，优秀的男性销售员都很注意这一点。即使你有某个不太好的举止已经养成了习惯，但是作为经常与客户打交道的销售人员，还是要注意一下，不要让自己的粗心大意影响到工作。

（3）粗心大意，透露出自己的秘密

与客户的交流中，粗心大意最容易导致秘密被泄露。一旦如此，个人客户就会对你的印象大打折扣，因为他已经感受到，你是个不负责任的人。倘若在企业客户面前因为粗心而泄露秘密，丢了单子事小，暴露出商业机密才是大。对方会抓住这样的机会，给你带来"致命一击"。

不要觉得这是玩笑，大名鼎鼎的松下幸之助，曾经就在这件事上栽了大跟头。

松下幸之助是日本松下电器公司的创始人，享有"经营之神"的美称。但在初入商界时，他也在某次销售谈判的闲聊中，由于粗心大意让对手探明了自己的底细，使对方趁机压价，把自己的利润丢失殆尽。

当时，松下幸之助到达谈判会场时，对方很友善地跟他打招呼说："我以前好像没见过您，我们是第一次打交道吧？"对手这样问，是想看看松下幸之助是老手还是新手。松下幸之助并没有多留意，就回答："我是第一次来东京，对生意上的事懂得并不多，请您多多关照。"

听了他的话，对方心中暗喜，于是接着问："那么，你愿意以什么样的价格卖出你的产品呢？"

松下又如实地告知对方："我每件产品的成本是 20 元，我准备卖 25 元。"

在得知松下幸之助的底价后对方更高兴了，因为他知道松下幸之助在东京人生地不熟，却又急于为产品打开销路，因此乘机杀价："你第一次来东京做生意，为了打开产品销路，你应该把产品卖得便宜些，每件按原价就可以，保本怎么样？"就这样，松下幸之助因为初入商界，粗心大意地掉入了对方的圈套，致使谈判失利，利润尽损。

商场如战场，处处都要留心，粗心大意更是要不得。尤其是在谈判时，一个不留神就会让对手抓住软肋，致使谈判失利，松下幸之助的这次谈判就是最好的例子。

因此，男性销售员不管是在初次见客户时，还是与老客户谈判时，都不能太过随意。只有时刻提高警惕性，改掉自己粗心大意的坏习惯，才能避免自己陷入被动的局面，造成不必要的损失。

多点细心，就离成功更近一点

对于刚刚踏入销售行列中的人来说，处处都要留心，因为有很多东西需要学习和积累。但有的人学得一知半解就罢手，而在工作中又粗心大意地触犯销售禁忌，到头来后悔就晚了。这一点在一些男性销售员身上也有所体现，他们总是因为粗心大意而与成功失之交臂。

其实，男性销售员应当有这样的心态：无论对什么事，即使小至微尘，也应仔细观察。如此便可将销售工作中的障碍一扫而尽。无论什么时候，只要我们多点细心，就能离成功更近一点。

一位很有经验的销售员，发现在夏天每一位客户在与他谈话时都会感到困乏。但出于礼貌，他又不好意思直接说出来，为了不打扰客户休息，他就养成了随身带闹钟的习惯。

每次他与客户谈话前，都会这样说："不好意思，打扰您一刻钟的时间。"然后给闹钟定时。一刻钟一到，闹钟就发出声响。这时，他便起身告辞："很抱歉占用您一刻钟的时间，现在我该告辞了。"

当客户与他谈得来时，就会建议再谈一会儿。这位销售员又会将闹钟设置一刻钟。

对此，客户通常都会觉得：这个销售员做事真细心。当然，除此之外，更多客户也会觉得他很有意思，就愿意再跟他聊会儿。

就这样，他用自己的细心赢得了很多的客户，也抓住了不少成功的机会。

有时候，男性销售员的细心也能彰显职业素养。虽然销售员在工作中很难察觉到自己的粗心大意，但是却能很容易地做到细心。只要销售人员在平时的工作中对自己要求严格，把细心培养成一种让客户产生好感的习惯，那么也就间接地克服了粗心大意的缺点。

细心，是男性销售员必须拥有的一种素养，这不仅体现在与客户的交往当中，在平时的工作中也要注意。当你在公司办公时，处理文字时要把错别字校对清楚，编制文件时要细心多读几遍，如果没把握，请同事帮助看一下；在接收到客户信息时，当天就细心查看，不要忘记保存名片以便日后进一步取得联系；开会时要随身携带记事本，记下每次会议的重点、工作进度以及完成日期。男性销售员如果能做到这些，日后想在工作中粗心大意都难，这样销售业绩自然水涨船高。

虚荣心与要面子总来捣乱

心理学中说："虚荣心其实就是自尊心过分的一种表现，是为了取得荣誉和引起普遍注意而表现出的一种不正常的社会情感。"每个人都有自尊心，都爱面子，销售人员也不例外，尤其是男性销售员。但是，如果男性销售员太过强调自尊心和面子，就会在工作中畏缩不前。客户的脾气有好有坏，听不得难听话的男性销售员，在销售领域是待不下去的。

虚荣心和要面子是男性销售员的软肋

由于受内心追求的影响，每个人都会有虚荣心和要面子的心理。所以，适当的虚荣心是可以理解的，这正是自尊心的一种外在表现，它可以激发起一个人的斗志。但是，如果在人际交往中虚荣心过分强烈或是特别要面子的话，就会给人一种华而不实的感觉，使人避之不及。

在现实生活中，男性总是给人一种很强势的形象，自然男性的虚荣心和要面子的心理也就更加明显。由此可以说，虚荣心和要面子就是阻碍男性销售员成功的软肋。在销售工作中如果太爱虚荣、太爱面子，就会使自己处在一个很不利的境地。

（1）虚荣心和要面子让你失去客户

如今做销售不缺少客户，缺少的是开发客户的人。任何事情都不是一蹴而就的，与客户建立、发展关系，也不可能总是一帆风顺。所以，男性销售员在开发客户时就要有足够的心理准备，既要有足够的耐心把客户给磨出来，又要准备好听客户的冷言冷语。如果男性销售员做不到放下身段、架子，总是顾虑面子的话，就会失去客户，在销售行业业绩平平。

乔乐是某产品的销售员。在一次到某公司推销产品时，他见到的是一位女办公室主任。他心想："女客户应该好说话一点。"可令他没想到的是，这位主任一口回绝了他。无论乔乐怎么说，女主任就是不买他的产品，并婉转地下了逐客令。乔乐想，这是个大客户，绝不能就这样放弃。

第二天，乔乐又登门拜访。这次，这位女主任的态度看起来也不好。乔乐就问："不知道您考虑得怎么样了，我们能不能谈谈？"但是，女主任只顾低头整理资料而没有回他的话。

看到女主任这样的态度，乔乐就觉得面子上挂不住了，于是狠狠地说："哼……你不买，我还不卖了呢，谁愿意跑这儿跟你说好话！"说完头也不回地走了。

然而，乔乐不知道的是，那天那个女主任恰好因为出了点错被领导训斥了。她本想乔乐已经是第二次来，等自己平静一点再进行下一轮沟通，谁知乔乐如此要面子，就因为没有回他话生气甩脸走人了。

我们都有自尊心，但是如果自尊心过强就变成了虚荣心，有了虚荣心再加上特别要面子，就会让自己迷失方向。销售员最不能做的事就是因为虚荣心和要面子而得罪客户。客户有客户的特点和脾气，但销售人员不能因此而受到干扰，变得同样"歇斯底里"。否则，我们又如何在销售界立足？

（2）虚荣心和要面子让你挨领导批评

世界名著《飘》的作者玛格丽特·米切尔曾说过："直到你失去了名誉以后，你才会知道这玩意儿有多累赘，才会知道真正的自由是什么。"的确，虚荣心是一个人的负累，虽然面子对一个人而言很重要，但是为了面子而使自己受委屈，那就是"死要面子活受罪"了。销售人员如果虚荣心太强，太要面子的话，心态就容易摆不正，很容易心浮气躁。这样不仅得罪客户，就连上司也不会喜爱的。

经理："你这两个月是怎么回事？业绩连续下滑。现在可是销售旺季啊。"

销售员小林："这怎么能怪我呢？是今年的大环境不好，整个市场都处于疲软状态，我也没办法啊。"

经理："那别人的业绩是怎么提升的？"

销售员小林："别人那都是拉自己亲戚朋友才把业务提上去的。我和别人的能力都差不多啊，只是没有遇到好机会。"

经理："干销售有困难，我能理解，但重要的是你要积极地去解决，要多从主观上找原因。你不要总是找客观理由，不找方法，那样你的业绩永远都提升不了！"

经理的一席话，让小林面红耳赤："我……我承认，是我太要面子了，不懂得从自身找原因，我以后注意。"

无论做什么事情，要想有所收获，就必须敢于承担风险，敢于面对失败。其实，要做到这一点并不难，只要不为自己找借口，从自己所假想的美好世界中走出来，你就能够认清现实并且采取行动。许多销售人员总是为自己的怯懦找理由，而正是这些借口使他们丧失了面对现实的勇气，从而也就无法提高自己的业绩。

舍弃虚名，不做无谓的面子之争，你会发现自己的心境豁然开朗，同时也会在前进的道路上有新的收获。

面对纷繁复杂的现实世界，很多人都会迷失心智，盲目地追求那些看不见、摸不到的虚名。心中的贪婪让我们"舍不得"，结果反而给自己留下了许多的灾难和遗憾。所以，我们应当舍弃虚名，不做无谓的面子之争，让自己活得更加轻松自在、有意义，让自己在面对客户和领导时更谦逊得体，这样才有助于销售的提升。

克服虚荣心和要面子的方法

做销售，有时脸皮不妨厚一点，遇到客户刁难，不要太在意面子问题。销售人员应该学会脸不红心不跳地照样微笑着与客户周旋，只要还有一丝希望就要全力争取，不要让虚荣心和面子来捣乱。

有些男性销售员的虚荣心太强、面薄心软，经不住客户的拒绝和打击。他们只要一遇到客户的轻视，就会感觉颜面受损，掉头就走，严重时还与客户争吵。虽然这样看起来像很有"骨气"，但其实是他们只顾面子而忘记了自己的销售目的，越发显出他们过分的脆弱和不堪一击。所以，男性销售员这种虚荣心强、要面子的心理是其销售路上的障碍。

当然，不是说你不要面子，客户就会乐意与你合作。而是要你摒弃过分的虚荣心和严重的要面子心理，正确对待自己的工作和所面对的客户。

（1）做到谦虚有礼，不要自视清高

在销售工作中，你越是自视清高，就越容易形成很强的虚荣心，越容易顾忌自己的面子。因此，销售员在与客户交谈时，如果能做到谦虚有礼，放低自己，不仅容易赢得客户的好感与尊重，也能够帮助自己放下虚荣心和面子。

想要做到这一点，男性销售员在跟客户接触时，就必须多多注意自己的言行，不要用高姿态去建议客户该怎样怎样，而是要用谦恭的态度听取客户的意见并改正。当客户向你提出一些不合常理的要求时，如果你办不到，就不要为了面子而逞强地答应，要礼貌而真诚地告诉客户，你现在无法做到，只能尽量想别的办法帮他解决问题。

（2）摆正心态，正确对待客户的"刁难"

虽然男性销售员在开发客户时有足够的耐心和毅力，但是，如果他们的虚荣心和要面子心理来捣乱的话，就会很容易放弃眼前的客户。因此，男性销售员应当摆正自己的心态，正确对待客户的"刁难"。

向阳是一个保险销售员。有一次，他去见客户，为了赶时间就跑楼梯到了客户的公司。由于时间匆忙，他没有来得及整理好衣着就慌忙走进了客户的办公室。客户看见他衣衫不整，头发也不齐整，鞋上也不干净，就当着公司女秘书的面没好气地对向阳说："这就是你们保险销售员见客户时的样子吗？可真是出乎我的意料。"

待客户说完，向阳看见女秘书瞥了自己一眼，当时他真想找个地缝钻进去。但是，想想自己爬楼梯的辛苦和现在的狼狈样，向阳自嘲地笑了。他这一笑，倒让客户不知所措了，客户问他笑什么，他说："笑自己的小丑样子……"

趁客户还愿意跟自己交谈，向阳对自己的面子问题释然了，连忙解释自己爬楼梯赶时间的事。客户听了他的解释，觉得小伙子不错，自己奚落他了，他还能这么幽默地看得开，于是就很郑重地邀请向阳坐下谈保险的事。

推销工作不仅需要耐心和技巧，更需要有一个好的心态来面对客户的奚落。有时候，客户的某些"刁难"可能只是无心之失，如果你太过在意自己的面子，而忘记自己来见客户的初衷，结果难免与客户不欢而散。

大多数情况下，客户是不会去故意为难一个销售人员的。如果客户做出有损销售员面子的事，有的可能是心情不好，有的确实是你的某些言行举止触犯了他，这时候你要学会体谅，耐心地跟客户解释。总之，男性销售员要正确地看待这些事情，不要将其敏感地上升到维护自己的虚荣心和面子的层面。

要使客户不伤及自己的自尊心和面子，首先就要谦恭待人，不能自视清高，不给客户留下损害你颜面的把柄。其次就要摆正心态，如果真的遇到了客户的刁难，也能通过自我调节予以化解。销售人员做到这两点之后，就会发现克服虚荣心和要面子的弱点其实也没有那么困难，而且还会觉得自己以前为了虚荣心和面子而做的那些事是多么的荒唐。

脾气大、易冲动，得罪客户

一位哲人说过：你的心态就是你的主人，心态决定命运。

这句话用来劝慰那些脾气大、易冲动的男性销售员最合适。销售人员在开发客户时难免会遇到阻力，当前进受阻、出现僵局时，人们的直接反应通常是烦躁、失意、恼火甚至发怒。但是，销售人员流露出这些坏情绪不仅无助于事，还可能得罪客户，使自己陷入更糟的境地。

因此，男性销售员要学会理智地控制自己的情绪，试着心平气和地去理解客户的做法。总之，良好的销售心态是做好销售的前提。男性销售员要改掉自己脾气大、易冲动的坏毛病，培养良好的销售心态。

脾气大，易冲动——男性销售员的致命弱点

在销售工作中，总会遇到这样那样的小波折，它们会让你感到

烦躁，甚至产生绝望的情绪，进而做出冲动的事情来。这显然是不对的，因为在工作中遇到波折是再自然不过的事情，没有必要为这些波折而情绪激动。

有时候，面对客户的推托、拒绝甚至刁难，男性销售员就会想发脾气，产生烦躁、不安的消极情绪。这对于实现销售没有任何益处，反而会引发许多问题，甚至导致无法挽回的后果。

张志强是一个很勤奋的销售员，每天都忙于工作。可是他很不开心，因为无论自己怎么努力，工作业绩都没有明显提高，反而还因为各种小事经常受到领导的批评。

有一天，张志强去跟一个客户谈判。谈判期间，客户的态度让张志强有些不高兴，他觉得客户是在敷衍自己。这位客户甚至在最后还说："算了，咱们别谈了。说实话，我并不信任你们公司，我觉得你们的产品不能符合我的要求。"

听到这些话，张志强愤怒了，他拍着桌子大吼道："不谈就不谈，你以为你是什么东西？你想买，我还不卖了呢！"说完，他扬长而去。

走在大街上，张志强想着刚才的事情，心情依旧平静不下来。这时，一个骑自行车的少年从他身边经过，车把不小心挂住了他的袖子。张志强没站稳，险些摔倒在地上。当站稳后，他看到那个少年不仅没有道歉的意思，还想要溜走，不由勃然大怒地向前追去。

几个上了年纪的路人看到后，拉住了他，说道："小伙子，算了吧，你也没有受伤，就别追了。路上这么多车，万一再给你碰一下怎么办啊？"

张志强不理会众人，准备继续追赶那个骑车少年。然而，他刚冲上马路，迎面就开来了一辆疾驰的卡车。顿时，张志强倒在了血泊之中。虽然经过抢救，张志强的命是保住了，却成了重度残疾。

从这件事情当中，我们不难看出，张志强惨遭车祸，就在于他不知道控制情绪，最终酿成了苦果。人们常说的"冲动是魔鬼"就是这个道理，人如果控制不住冲动的情绪，往往就会做出出格的事情来。

男性怎样克服脾气大、易冲动的弱点？

通常情况下，男性销售员销售失败的原因大多是太过急躁。因此，做事容易冲动的男性销售员应该调节好自己的心态，在客户情绪不好时，自己要尽量保持头脑清醒，毕竟没有哪个客户会在情绪不佳时与你爽快签约。

所以，在与客户接触当中，如果客户对你的产品和服务不感兴趣，或者是因为不太了解而拒绝你时，你千万不要心生急躁、面露不悦。因为那样只会使客户心生不快，从而坚定拒绝的态度，令事情更糟糕。销售人员应该慢慢了解客户的心理，不要急于求成，先尝试做一些让客户满意的事，这样签单的事自然就会水到渠成。

那么，男性销售员如何在具体的销售过程中克服急躁的心理呢？尝试一下以下方法吧。

（1）尽量保持轻松愉快的心情，控制自己的坏情绪

《中庸》中讲："致中和，则天地位焉，万物育焉。"意思是：一个人如果心境平和的话，看到的世间万物才会如初洗般祥和明净。所以，销售员要学会培养平和的心态，在与客户接触时才会收放自

如，才不会那么急躁。优秀的男性销售员要懂得做情绪的主人，而非受情绪的奴役。

威廉·里格利是美国著名的口香糖大王。威廉年轻时曾到一家超级市场推销肥皂，但是这个超市的老板不仅很反感他，还很反感他的公司，甚至还对他破口大骂："你和你的公司全都给我滚蛋吧！"威廉听了老板的话，克制住内心的火气，一边收拾自己的工具，一边对老板说："我知道了，我这个新手要把这些产品推销给你是不可能的。如果你觉得我的推销很糟糕的话，那么请你给我一些意见吧，告诉我怎样做才能把产品推销出去。"

超市老板看到他被自己骂了不仅不恼火，还这么诚恳地向自己请教，于是就开始滔滔不绝地给他提建议："你应该这样说……不要这样……"

令这个老板诧异的是，自己在跟威廉说了一大堆建议之后，自己也被说动了，于是最终也买了威廉的肥皂。

想要成功，就必须懂得克制与忍耐，这是做人处事的首要条件。当客户表现出对你反感，甚至出言谩骂时，不要恼火，因为生气的客户伤害的是他自己的身体，而与你无关。自然，你也不必受对方威迫而低声下气地拍他马屁，最好是以不卑不亢的言语感动他。

奥里芬特夫人曾经说过："一个人成功的秘诀在于懂得怎样控制自己并超越自己。如果你懂得如何支配自己，你就是一个最成功的自我教育者。"销售人员要懂得，所有事情都不是一蹴而就的，因此我们不应该急躁、冲动，或是感情用事。而想要使自己的销售取得成功，就要坚持不懈，这不仅需要才华，更需要克制与忍耐。

（2）当与客户产生分歧时，要尽量顺着客户的意思走

在销售中，男性销售员难免会遇到一些非常强势的客户。当销售人员与这些强势的客户发生意见分歧时，客户会毫不客气地讲一些难听的话。那么，男性销售员该如何做呢？最好的方法就是顺着客户的意思走，尽量不要与之产生正面的冲突。

有一天，厨具销售员王天应约前去登门拜访一位女客户，这个女客户可是远近闻名的"母夜叉"。因此，王天就十分注意礼貌。当他轻轻地敲开门后，女客户挥舞着手臂对着王天吼道："我急需购买厨具，但如果你敢骗我就走着瞧！"

王天没有因为客户的态度而生气，而是像对其他客户一样笑意盈盈，并让客户说出她对厨具的要求。客户一听，立马就说："我要一套完整的厨具，什么电饭锅、烤箱都给我送齐了……最重要的是安装要快！"王天没有说过多的话，而是一一记下客户的要求，随后礼貌地告辞了。

第二天，王天就带着一行人来为女客户安装厨具了。期间女客户要求颇多，一会儿觉得这点不合适，一会儿又觉得那样摆不好看，弄得装修人员颇多怨言。可王天并没有嫌麻烦，也没有生气，而是一边听取客户的意见，一边安抚工人的情绪。就这样，忙忙碌碌干了大半天。

最后，女客户看到装饰一新的厨房觉得很满意，又看看王天他们一个个累得满头大汗，觉得很不好意思。于是，女客户热情地为王天他们端来水果，并向他们表示感谢。王天用自己的忍耐顺从了客户的要求，使这个远近闻名的"母夜叉"也态度和缓了一次。

销售人员在面对强势的客户时，不要"遇强则强"，而是要控制自己的情绪，选择顺从他们的要求，这样事情就会出现转机。当然，面对强势客户时，顺从并不等于发憷，那样畏首畏尾反而会让客户感到更气恼。

（3）凡事要三思而后行

脾气大、易冲动是指一种情感特别强烈、理性控制很薄弱的心理现象。在日常生活中，因冲动而犯下的错误屡见不鲜。因此，销售员在面对客户时，也要学会三思而后行。

小刘是一位保险销售员。有一天，他到一个公司推销保险，刚一进门就作自我介绍："小姐，你好，我是××保险公司的销售员……"

可是小刘的话还没说完，为他开门的小姐就气势汹汹地关上了门。小刘很生气，想再敲开门跟这个不礼貌的小姐理论一下。但是领导经常告诉他，做保险的，面对客户的刁难，不要急着生气，学会三思而后行才能取得好的业绩。因此，小刘再次敲开门后的话是："小姐，您这么温柔漂亮，应该不是一个粗鲁的人，是不是遇见什么不开心的事了？就算您不买我的保险，也不要因为我的出现而再次增添烦恼啊。"

听了小刘的话，那位小姐觉得很惭愧，于是就把自己因为老板的误会而受的委屈告诉了小刘。就这样，他们聊了起来。不一会儿，这位小姐的情绪就因为小刘的安慰而好转了。于是，她主动把小刘带到了老板的办公室，并补充说是自己的一个朋友。

（4）发火前先数"1、2、3"

当与客户出现小摩擦，并随时有可能爆发争吵时，我们应该平静下来，心理默念一遍"1、2、3"，让情绪暂且回落。只有这样，你的火气才能在第一时间消散。人的暴躁情绪是瞬间出现的，只要能够压制三秒，那么就不会暴跳如雷。

（5）装糊涂

有时候，客户不免说话难听，这时正是考验男性销售员的时刻。倘若忍不住火暴的脾气，那么不仅会导致销售失败，自己还会被戴上"不懂礼貌"的高帽。所以，与其争论，倒不如学会装糊涂，假装没听见。这样不仅会让你自己的心绪平稳，更能令对方感受到你的气度，钦佩你的为人。

一位白酒销售员来到一家热闹的超市，向两位老板推销起自己的白酒。然而，两位老板的态度却不是很好。一个说："赶紧走，我们家白酒多着呢！"另一个附和道："怎么天天都来这么多推销的人，烦不烦！"

这位白酒销售员却仿佛没有听见这些话，继续说道："老板，您可以尝一口我们的酒，这是新技术研制的，绝对口感一流！"

一位老板很不高兴了，大声说道："赶紧走！"

然而，白酒销售员依旧不为所动，而是倒了一杯给另外一名老板，毕恭毕敬地说："老板，请您尝一口，如果您觉得不好，我这就离开！"

见这位白酒销售员即便如此也没有生气，这位老板也不好再说什么了。他接过酒杯，然后呷摸了几口。尝完之后，他点了点头说：

"还不错。这样吧，你放下几瓶，如果卖得好，我会联系你的！"

就这样，这位白酒销售员将产品推荐了出去。后来，这款酒受到了市场好评，超市老板也多次联系他前来送货。

换成其他男性销售员，也许在第一回合就会愤愤而去。的确，这样做显得你很有"自尊"，可是工作成绩却无法令人恭维。所以，我们不妨学学这位白酒销售员，"左耳朵进右耳朵出"，做个糊涂人，这样反而能促进销售。

总而言之，只要我们可以控制住情绪，那么争吵的可能性就会降至最低。尤其是当客户也在气头之上时，看见你首先服软，他也会变得火气尽退。甚至，他还会感到不好意思：我怎么会那样暴躁，反而表现得还不如销售人员？这样一来，他反而会对你产生好感，愿意与你继续沟通。所以，让我们去做个懂得控制情绪的优秀销售员吧！

过于自信，看低同事和客户

在销售工作中，男性有其天生的优势和良好的悟性，这是女性销售员无法企及的。自然，男性的优势会给他们带来无限的优越感，形成良好的自信心。但是，凡事都有两面性，自信心如果过强的话，可能会使他们目空一切，看低自己的同事和客户。这样久而久之，优势也会变成劣势。因此，销售员必须克服这个劣势，才能把销售做得更好。

过于自信就是一种自负

自信是成功的推动器，但是过于自信就会变成一种自负，而自负就成了成功的绊脚石。一个人在工作中最忌讳的就是产生自负心理，有了自负心理就会使他眼高手低，陷入故步自封的境地，最终使他走向失败。

一个销售员过于自信时，产生的自负心理会使他恃才傲物，不屑与别人交流，听不进同事与客户的意见，这样到最后难免出现悲剧性的结局。

刘启东是某服装厂的销售员。他平时工作还算认真，就是有一个坏毛病：太自信，听不进去别人的建议。

某次，刘启东和一个同事去跟一个老客户谈生意。谈话间，老客户说要对他们厂制作的新服装做个测试，看看销量如何，然后再付定金大批订货。按以往的惯例，该客户是与他们谈妥订货量之后先付定金的，而这次却反过来了。刘启东就说这不合规矩，没有办法答应。

这时，同事低声说道："他是老客户，我们如果得罪了他损失可就大了，不如先推脱一下，回去和厂长商量一下再决定？"刘启东却说："不用，我看准了，他们现在急需服装，以往都是从我们这儿定的，我们不能让步，他一定会妥协的。"那个老客户见刘启东如此坚决，就说彼此先考虑一下，想好再联系。

没想到，刘启东和同事刚回到厂里，就接到了客户通知，不与他们合作了。厂长了解到情况后，就把刘启东叫到办公室说："你也太不像话了，我让小王跟你一起去，就是要你听一下他的意见。你呢？不听，也不跟我汇报一下，就喜欢自作主张。这个老客户是嫌我们这几个月的服装卖不动，但是看在长期合作的面子上，才打算帮我们试试新产品销量的，而你却让我们厂损失了一个大客户啊……"

刘启东听后，对自己的行为懊悔不已。

从这个例子我们可以看出，销售员刘启东的行为是自信太过而成为自负的表现，从而使他盲目决策，不听取同事的意见。而最终导致的结果，不仅使自己吃亏，还给工厂造成了无法挽回的损失。

所以，我们应当明白，自信与自负虽只有一字之差，但自信是成功的助燃剂，而自负则是成功的刽子手。因此，男性销售员要想在成功的路上少走弯路，就必须摒弃自负的坏毛病。

克服过于自信的有力法宝

男性销售员如果过于自信的话，势必会在销售道路上摔跟头。那些真正成功的销售大师，总是在工作中采取谦虚的态度，严格律己，礼貌待人，既能处理好与同事的关系，又能得到客户的喜爱。因此，有这种过分自信心理的男性销售员，不妨多向那些成功人士学习，找到克服坏毛病的有力法宝。

（1）做人要谦虚、低调

从古至今，做人谦虚、低调都是我们中华民族推崇的美德。与人交往时，一个人谦虚、低调体现了他的内在修养，表现了他对别人的尊重。因此，他的行为也同样会受到别人的尊重和喜欢。而那些过于自信的男性销售员，缺少的就是这种谦虚和低调，总是在同事与客户面前妄自尊大。

聪明的男性销售员应当知道，没有人愿意与过于自信的人相处。只有以谦虚、低调的姿态出现在同事与客户面前，才更受他们的欢迎。

而现实生活中，总有那么些男性销售员在同事与客户面前摆出一副"万事通"的面孔，轻视别人的见识与智商，炫耀自己的才干与能力。殊不知，这样做只会导致同事们的疏远和客户的厌恶。

销售员小刚和小武是同一天进公司的两个年轻人。两人在工作中都很努力，不同的是小刚做事很低调，对待上司和同事谦虚有礼，而小武则凭借着自己业务能力强，对上司和同事表现得相当傲慢。而且，小武总是盲目自信，一味觉得自己什么都行，根本不需要上司的提点和同事的帮助。

这不，小武最近遇到了棘手的客户，但他既不跟上司沟通，也不找同事探讨，结果把事情搞砸了，挨了领导批评。与之相反，小刚凭借着自己的谦虚和做事低调，赢得了上司的赏识和同事的认可，就连客户也对他赞不绝口，很快他就被评为优秀员工。

我们要提醒广大男性销售员：无论你在工作中多么优秀，都应该谦虚、低调。因为谦虚、低调是成功男士必备的品格，当你也到达成功的顶峰之后，你会发现只有谦虚的人才能得到更多的智慧。

（2）不要诋毁自己的同事

自信的人不屑于做一些在背后诋毁他人的事，但是过于自信的人就不同了。过于自信的人在工作中会看低自己的同事，把同事的某些做法当做是愚蠢的行为，然后在过于自信的心理推动下，就会不自知地说同事的坏话，而这在同事看来就是一种诋毁。

销售员刘亮对同事小李说："你看，周伟整天马不停蹄地去'磨'客户，结果客户没拉到几个，自己还累得要死，真是死脑筋！我看他再努力也不会取得多大的进步。他还不如让自己的亲戚、朋友介绍几个客户提提业绩呢！"

小李："这个……不好说。"

小李一直觉得刘亮自恃业务能力强，总是看低别的同事，因此不大喜欢他。某次，小李把刘亮的话说给周伟听，周伟听了相当气愤。他想，自己对工作勤勤恳恳的态度，被刘亮说成傻，刘亮真是太过分了。这件事传开后，刘亮在公司里的人缘越来越不好了。

从这个例子中，男性销售员要吸取教训，克服过度自信的心理，注意自己的言行，不要自以为是地诋毁自己的同事。要以平和的心态，把同事看做和你同等地位、同等能力的人。再者，每一个人都有自己的长处和短处，你在这方面是专家，但并不代表你在另一方面就精通。你需要借助同事的力量才能学到更多的东西，从而更好地提升自己的能力。

（3）不要看低小客户

过于自信的男性销售员也很容易在工作中看低客户，觉得客户相对自己而言是外行，什么都不懂。尤其是面对那些小客户时，男性销售员的这种心理表现得更为突出。其实，男性销售员的这种心理是错误的，客户虽然不是专家，也不是什么销售能手，但客户有自己的知识和判断力，知道哪些该听你的，而哪些又是需要自己做主的。

尤其对于那些小客户而言，他们的心理是相当敏感的，你的盲目自信与轻视可能激发他们的不满情绪，等以后小客户发展壮大了，你要再与他们合作时就尴尬了。因此，男性销售员要想克服过于自信的坏毛病，还要重视小客户，这对你以后的销售是有帮助的。

某电脑代理公司的销售员高程很有抱负，一心想做成几笔大单子。为此，他每天都在想方设法地寻找大客户，拜访一些大企业的老板。

有一天，高程去见一个同学为他介绍的客户。这位客户刚刚成立了一家小公司，想要购买两台办公电脑，并建立一个小型局域网。高程本来不大愿意接这笔生意，觉得这笔生意太小，无利可图。但是，碍于同学的面子，高程只好表面上答应了下来。在给客户报价时，高程故意报高了一些，好让自己多赚点儿钱。当然，如果对方不同意的话，那也正好，反正自己也不想与这种小客户做生意。最后，客户因为价格过高而没有购买高程的电脑。

令高程没想到的是，那位客户的公司发展得很快，在一年以后，竟需要一次性购进50台办公电脑。这时候，高程想做这个生意，但是回想起自己一年前对那个客户的态度，觉得很惭愧，于是打消了那个念头。

一个过于自信的男性销售员，总是容易盲目，看不见长远的路，从而小瞧了自己面前的小客户。而一个优秀的男性销售员则不同，他们绝对不会轻易放弃任何一个可以成交的机会，因为他们知道，小客户随时可能变成大客户，自己必须坚持为所有的客户提供优质的产品和满意的服务。只有这样做，男性销售员才能为以后取得良好的业绩打下坚实的基础。

归根到底，一个懂得处理社会关系的男性销售员，要学会站在同事和客户的立场上考虑问题，尊重他们的意见和看法，不要让过分自信的心理影响自己与同事、客户之间的关系。

忠告：向女性销售员学习，刚柔并济

不可否认，男性在销售方面与女性相比有很强的优势。但是，这并不是说男性在销售方面就是完美无缺的，他们还需要从女性"柔"的优点中学到一些东西。这样，男性销售员就能在保留自身"刚"的一面的前提下，补充自己在"柔"这一方面的不足。做到刚柔并济的男性销售员，才能真正地在销售领域穿梭自如，立于不败之地。

做到刚柔并济，方可立于不败之地

刚柔并济一直是人们对为人处世的一种境界追求。刚柔之术讲，一个人如果棱角过多，就会到处碰壁；而一个人如果太过柔弱的话，就会显得软弱无能，到处受人欺负。只有把刚与柔相结合，才能处理好所面临的任何事情。因为在我们所面对的事情中，有的要以刚取胜，有的要以柔取胜，有的是刚柔相互配合才能达到理想的效果。

所以，一个人身上既要有刚的一面，又要有柔的一面。

这个刚柔并济的道理，就告诫男性销售员在工作中不能自高自大，觉得仅以男性刚强的优势就能处理好所有的事情，而是还要注意多向女性销售员学习。只有这样，男性销售员才能使自己在处理事情时得心应手，最终立于不败之地。

赵明辉是某品牌手机的销售员，他每天都要面对不同的客户，男的女的、老的少的。但奇怪的是，他并不像别的销售员那样感觉很累。别的销售员总是会在没有客户的时候赶紧坐在柜台后面休息，而他则是"东张西望"。

其实，赵明辉是在"偷师学艺"。因为他知道，男性销售员虽然能很快看准客户的购买心理，并迅速展开销售攻势，但在跟客户讲解手机功能及用途时，还是女性销售员比较有优势。女性销售员温柔而亲切的话语，不急不躁的表情，都是他应该学习的地方。

最终，通过这样的"东张西望"，赵明辉从女性销售员那里学到很多东西，几乎能够应对各种类型的客户，补足了自己的欠缺。这样，几乎每个月他的销售业绩都排在第一位。

由此可见，男性销售员若能做到刚柔并济，把刚与柔的智慧结合起来，做到该刚就刚，该柔就柔，刚到什么程度，柔到什么程度，都恰到好处，必能无往不胜，所向披靡。

向女性销售员学习"柔术"三招

中国武学很看重以柔克刚，其实很多武学大家都觉得，只有做到刚柔并济才能真正达到武学的巅峰。因此，在销售这门"武学"中，男性销售员也要学会这个道理。那么，为了到达销售的更高峰，男性不妨向女性销售员学习三招"柔术"。

（1）第一招：认真观察，抓住客户的心理弱点

在面对一位客户时，大多数男性销售员会很快地判断出他的购买心理，进而展开销售攻势。但是，这样的方法并不是放在什么人身上都适用，因此，男性销售员不妨向女性学习一下，先认真对客户进行观察，抓住客户的心理弱点，然后再发挥自己的销售才能。

阿信是某著名电脑公司的销售员。最近他很苦恼，因为他最近几次推销电脑屡屡受挫。每次，他费尽心思说动的客户，到最后几乎都因为一个很不起眼的原因而放弃了购买电脑，这让他百思不得其解。

有一天，阿信到餐厅吃饭，他的邻桌坐着一位太太和她的两个孩子。两个孩子中，男孩长得胖乎乎的，对眼前的餐点不挑剔，什么都吃。而那个小女孩却很瘦弱，眉头也紧锁着，对自己面前的饭菜挑来拣去的。

看到女孩这样，那位太太很着急，就轻声开导小女孩："别挑食，要注意营养，多吃些蔬菜。"虽然那位太太把话重复了好多遍，但女孩就是不肯吃。于是，那位太太失去了耐心，并显得有些生气。

看到这种情景，阿信自言自语道："看来，这位太太的蔬菜跟我的电脑一样，'推销'不出去了……"这时，阿信看到一位女服务员走到小女孩身边，俯身在她耳边悄悄说了几句话。然后，那个小女孩竟然大口地吃起了蔬菜。这让阿信和那位太太都很惊讶。于是那位太太就把服务员拉到一边，问道："你刚才说了什么，居然

让我那犟丫头听话了？"

女服务员笑着说："马不想喝水的时候，你怎么拉它，它都不会靠近水槽，但你要是先让它吃些盐，它口渴了，自然就会听话地跟着你去饮水。太太，其实我观察很久了，你每次带他们来吃饭，我都会看到小男孩欺负小女孩。所以，我刚才对小姑娘说：'哥哥不是老欺负你吗？吃了蔬菜就会长力气，那他以后就不敢打你了。'"

一旁的阿信听了，心想："这个方法太妙了，自己的电脑推销不也是这种道理吗？每次自己着急地向客户推销电脑，却忘了找准客户的心理弱点，不对症下药，客户怎么会买我的电脑呢？"得到启发后，阿信在之后的销售中就很注意观察客户，寻找他们的心理弱点，然后及时地对自己的销售工作进行优化调整。这样，阿信的销售工作很快就取得了较大的进步。

从这个案例中我们可以清楚地看出来，对销售员来说，好的能力与口才固然重要，但是抓不住客户的心理弱点也是枉然。因此，优秀的男性销售员还要静下心来跟女性学习一下，认真地观察客户，找准关键点，销售才能更好地往下进行。

（2）第二招：对客户照顾有加，体贴入微

现代社会，做生意也要讲"人情"，要处处体现"人性化"。懂人情，莫过于在为人处事中学会方圆之道。方圆之道和刚柔之术有一定的相似之处。"方"是指一个人处事方方正正，有棱有角，不容易被人所左右。"圆"是指做事懂得变通，比较圆滑。如果一个人能够把这两者结合起来，遇方则方，遇圆则圆，方圆兼济，那么无论在生活中还是工作上都能够做到游刃有余。

因此，男性销售员在面对客户时不要太刻板，那样很容易让客户觉得你很不友好。有时候，男性销售员不妨学习女性"圆滑"的一面，对面前的客户照顾有加，让他感觉到你的体贴和关爱，这样更有利于销售成功。

一位举止大方的先生带着他的儿子到商场买棒球衣。销售员小姐见他们来到柜台前，赶紧迎上去说："先生，您是要买棒球衣吧？"这位先生好奇地问："你怎么知道啊？"

销售小姐笑着说："我看您一进来就一直盯着体育专柜的棒球衣，再说了，您儿子手里还拿着棒球呢。"

销售小姐这么一说，这位先生和他儿子都挺高兴，于是很快地挑选了一套球衣，并准备付款。

这时，销售员小姐又补充道："您儿子这么帅气，如果穿上这些与棒球衣配套的汗衫和长裤会更好看的。"这句话一说，这位先生和他儿子就更高兴了，于是就又买了汗衫和长裤。

然后，女销售员又转而问先生的儿子："小朋友，你有球鞋么？"

其实这位先生本无买鞋的打算，所以就犹豫起来。营业小姐十分真诚地夸赞他的儿子好看，如果穿上全新的球衣、球鞋，会更加精神。

就这样，这位举止大方的先生在自然轻松的聊天中，为儿子买齐了打棒球所需要的所有东西。虽然他开始并没有打算一下子买完，但是销售员小姐受用的话语让他改变了主意。

从中我们可以看出，这位销售小姐的确很能干。她懂得变通，知道用什么样的话语可以让顾客听了心里受用，进而一步步地让顾客买了想买的商品，也买了本没打算买的商品。如果她是一个呆板的销售员的话，那么她最多仅仅能卖出一件棒球衣而已。

因此，这个销售小姐确实是值得男性销售员学习的。男性销售员不妨也学着对客户体贴入微、照顾有加，让客户感受到你的人情味，这样他就愿意与你闲聊，你就能获得更多的机会，说服他买你的东西。

（3）第三招：耐心听取客户的感受，把握客户的真实想法

我们都知道，男性销售员做事雷厉风行，但也很容易急躁。一些男性销售员会在销售过程中急于求成，一味地按照自己的意思试图说服客户购买，却不考虑客户的内心感受，结果总是导致销售失败。所以，这样的男性销售员在销售中会很吃亏。

而女性销售员就不一样了，她们会耐心地听取客户的感受，让客户充分地表达自己的想法，从而淡化自己，突出客户，让客户更愿意和她们打交道。因此，男性销售员也应向她们学习这一点，只有认真听取客户的意见和建议，按照客户的思路来销售产品，才更容易使销售趋向完美的结局。

第六章
销售中的提升和爆发

现在，我们已经是合格的销售员，但离优秀还有距离。我们的专业知识还有欠缺，我们的销售情商还有提升空间，我们的谈判技巧仍显稚嫩，我们依旧是个低层销售员。所以，我们要在销售中继续深挖自己的潜力，从而让"销售小宇宙"不断爆发！

参加专业培训，不断提高专业水平

一个想要做好销售的人，必须坚信优秀的销售人员是可以训练出来的。而且，优秀销售员的专业能力不仅仅是通过刚踏入公司的那几天培训来获得，还要在销售的过程中不断地充实。因此，男性销售员要特别重视定期参加专业培训，不断提高自己的专业水平。

专业培训——男性销售员的必修课

著名企业管理学教授沃伦·本尼斯说："参加培训是风险最小、收益最大的战略性投资。"由此可知，参加专业培训，是销售人员的必修课。而且在销售领域，持有学习态度的人不会被失败所打倒。因此，一个想要做到出类拔萃的男性销售员，就更应该把参加专业培训纳入自己的日常规划当中。

（1）机会总是青睐那些有准备的人

机会是有亲和性的，它总是亲近那些愿意与它交朋友的人。只有那些有着充分准备的人，才能够成为机会的把握者。如果一个销售员没有必要的专业知识和技能，就没有真才实学，即使再好的机会与他碰面，他也只能眼睁睁看着机会溜走。因此，销售人员必须参加专业培训，为自己未来可能遇到的机会作准备。

张宇是杭州一个电器公司的销售员。他非常勤奋好学，平时除了参加公司组织的专业培训外，还很注重自己报班扩充专业知识。在这些专业培训课上，他感到自己充实了很多，在看待销售时，也有了一套属于自己的理论体系。

有一次，公司突然派他做公司的销售代表，去北京参加一个展销会。在此之前，他对这个消息一无所知，所以他并不清楚与会人员、会议内容等情况。于是，张宇在有限的准备时间里查了一些有关北京展销会的情况，之后就出发了。

在前往北京的途中，他打开自己平时参加培训用的记事本，里面记了很多关于销售知识的内容。途中的几个小时，他都在翻看记事本，熟悉专业知识。

展销会开始前，几家大公司约好碰一次面，交流一下销售经验。张宇的公司也在这些大公司之列，于是他也做了发言。由于在发言时展露的专业知识过硬，销售技巧新颖，张宇的名字很快被那些大公司记住了。尤其是他提出的一个销售新模式，让所有公司耳目一新、拍手称赞。

回来之后，上司表扬了张宇，说他不仅让自己出了名，还为公司带来了很大的利益，因此老板决定嘉奖他。原来，很多公司知道张宇很有能力，又通过他了解到公司的信誉和实力，都纷纷与他所在的公司联系，商谈合作事宜。

在许多人的眼里，成功只是一种偶然，一种运气。这显然是一种错误的看法，因为他们没有看到那些成功者平时所下的工夫。张宇的成功绝非偶然，他的成功与他平时注重参加专业培训，积累相关知识是分不开的。

"机会只青睐于那些有准备的人"，这是一句至理名言。因此，男性销售员在等待机会的时候，不要浪费时间，而是要利用时间作准备。而参加相关方面的专业培训，就是为等待机会来临作准备。男性销售员只有通过参加专业培训使自己的专业水平提高了，才不会让机会溜走。

（2）经常上课，才不会在销售中遭遇尴尬

销售人员在面对客户时就像面对考试，只有在平时的学习中比别人学得更好，才能获得更多的机会，才能取得比别的销售员更好的业绩。在现如今这个竞争激烈的环境中，销售人员如果安于现状，必定会被别人所超越。因此，富有远见的男性销售员都会通过培训班不断充实自己，提高内在的实力，这样才能够取得长远的发展，才能避免在销售中遭遇尴尬。

梁兵是某经络治疗仪的销售员。事实上，他对经络的了解并不多，可他总是以为自己的专业知识丰富，是销售经络治疗仪方面的专家。

有一次，公司应邀决定派一个销售员为一家老年活动中心的老年人讲解一下经络和保健知识，同时向他们推销一下公司的产品。由于梁兵在公司中的销售业绩是最好的，销售部经理就派他去了。

结果在讲解时，梁兵将经络的穴位乱指一气，被一位学过中医的老人看出来了。这位老人向他指出来，他不仅不承认错误，还跟老人争吵了起来。

最后，梁兵的治疗仪不仅一台没卖出去，还给公司造成了极坏的影响。这件事令公司很气恼，于是不久就把他开除了。

从这件事上我们可以明白，销售人员无论取得多好的业绩，都不要忘了学好自己的专业知识，同时还要不断地积累经验。否则，不仅会使自己在客户面前遭遇尴尬，还会给公司造成损失。一个优秀的男性销售员需要时刻谨记，不管做什么业务，都要主动学习相关知识，努力提高自己的专业水平。

把销售当成一种兴趣，利用培训班做到术业有专攻

销售员想要把销售做好，就要把销售变成一种爱好。为了这个爱好，你就会尝试着去进行学习、积累。不断参加专业培训，做到"术业有专攻"的销售员，其实也是在发展自己的爱好。"专攻"的学习方法可以让你对销售知识有总体把握，还可以让你及时更新知识。

然而，有些销售员总喜欢偷懒，签完一单后，觉得自己的专业知识已经很过硬了，就变得不愿再学习了。其实，如今社会日新月异，人们的思维也在飞速发展。因此，一个优秀的男性销售员想要长久保持优势，就必须不断给自己充电，参加各种培训班，努力让自己成为本行业的专家。只有做到术业有专攻，才能让自己在销售领域站稳脚跟。

小秦是一个保险销售员。他与同事有很大的不同，他喜欢随时学习专业知识，增加自己的专业水平。销售中一件极小的事情，在他眼里都值得学习一番。对于销售的任何技巧，他都要详细研究，探求成功的奥秘。甚至，他还把推销保险当成了自己的一种兴趣。

不过，尽管发现了很多问题，但小秦依旧觉得有些问题难以解决。于是，他报名参加了一个培训班，每周都会积极去上课。通过培训，他感到茅塞顿开，一些问题顺利得到了解决。慢慢地，随着专业知识的积累和总结，小秦的业绩突飞猛进，而且还成了公司公认的保险销售专家。

作为销售员的你如果能像小秦这样，把销售工作当做一种兴趣，努力参加各种培训班，学习和积累专业知识，那么你就会展现出不一样的气质。这样，客户也会对你肃然起敬的。

做到术业有专攻不是一件容易的事，这要求销售人员对自己所销售的产品和为客户提供的服务都要有清晰的认识，知道自己的产品在市场上的需求情况，并了解自己的客户群。做到这些，销售人员就会清楚地知道该向谁去销售自己的产品和服务，以及应该采取什么样的方法与策略。

但是，很多销售人员并没有认识到这一点。他们觉得销售全靠运气，运气好就能够创造出好的业绩，从而忽视了对专业知识的学习和积累，使自己在专业知识方面存在很大的欠缺。

那么，究竟怎样做才能使销售人员在专业水平方面有所提高呢？不妨看看专业培训师给大家的一些建议吧。

第一，不管自己的业务有多么忙，都不要忘记参加专业培训。

不参加专业培训的销售员就如同在学校不学习的学生一样，最后的结果只能是被工作抛弃。

第二，既要对专业知识博采众长，又要对某一类知识有所专注。男性销售员因为优势众多，很容易形成"一瓶子不满，半瓶子晃荡"的情况，这样是无助于自己在销售行业进行长远发展的。

第三，必须了解销售市场。要想成为一名专业水平很高的优秀销售男，就必须学会多看。销售员除了要努力销售自己的产品和服务外，还要注意查看当前的市场状况及销售市场未来的走向。

当然，提高销售员专业水平的方法还有很多，这只是一些大致的参考。如果有心的男性销售员想要了解更多有关提高专业水平的方法，不妨多参加一些专业培训和专家讲座。当然需要记得：专业知识的提升不是一蹴而就的，而是需要男性销售员投入一些时间和精力去慢慢学习和感悟的。所以，我们不能奢望一次培训就能得到巨大的提高。只有坚持下去，我们才能从培训班中获取更多。

在磨炼中涅槃，抛却虚荣，成为情商达人

据心理学家们分析，一个人的成功并不取决于他的智商有多高、能力有多强，而是与其性格有很大的关系。这就提醒广大男性销售员要修身养性。因此，男性销售员要在提高自己销售方面专业水平的基础上，不断地在工作中磨炼自己，不要让虚荣、冲动等不良习惯阻碍自己的发展。只有往这方面努力，成为情商达人，男性销售员才算真正历练好了自己的能力。

在磨炼中克服过度的虚荣心

法国哲学家柏格森曾经说过："虚荣心很难说是一种恶行，然而一切恶行都围绕虚荣心而生，都不过是满足虚荣心的手段。"在强烈的虚荣心驱使下，人们往往会产生各种可怕的念头，这种念头所带来的后果往往是非常严重的。虽然说，虚荣心人皆有之，但是为了避免不必要的悲剧发生，使自己的生活和工作更加舒适，克服

虚荣心还是很有必要的。

众所周知，男性销售员与生俱来的成就感，为他在工作中带来不少便利。但是，成就感有时候也很容易发展为虚荣心。虚荣心一旦强烈起来，再明智的男性都会被自己的虚荣所麻痹，迷失方向。因此，为了更好地在生活中磨炼自己，成为一个真正的情商达人，男性销售员一定要抛弃自己的虚荣心。

王志刚从事销售工作已经很多年了。可以说，他对公司的贡献盖过任何一个销售员。他业务能力强，专业知识过硬，但美中不足的是他的虚荣心太重了。虚荣心太重的人，很容易让人们觉得他骄傲自大、目中无人。看到别人成功，他会阴阳怪气地说这是"运气"；而到了自己成功时，他又急忙炫耀起来，仿佛公司里只有他一个人有业绩。

正因为如此，王志刚在公司中的人缘不怎么好，虽然业绩突出也升迁不了。但他对此还不自知，以至于在公司摸爬滚打多年，还是一个小小的销售员。

由此可见，虚荣心和进取心是不同的。虽然虚荣心也是对于得到别人认可的一种渴望，是向他人证明自己的价值的表现，但是一个人的虚荣心一旦过于膨胀，就会在飘飘然中丧失自己的进取心。

因此，男性销售员如果不想在虚荣心的驱使下而一事无成的话，不妨试着调整心理需要，不追求虚幻的满足，正确对待别人的评价，做到有自知之明。而在正确的追求的指引下，不与别的销售员进行盲目的攀比，努力提高自身修养，保持一颗平常心。

情商——开启男性销售员成功之门的金钥匙

情商，即情绪智商。它是由美国耶鲁大学心理学家彼得·塞拉维和新罕布什尔大学的约翰·梅耶于20世纪90年代首次提出的。在对这个概念的研究中，很多人知道了情商对一个人的重要性。尤其是在工作中，一个情商高的人甚至比一个智商高的人还要有优势。这就给处在销售行业的男性一个提示：若想做好销售，把握自己的情商很重要。

（1）男人的情商与成功成正比

情商主要是指一个人在情绪、情感、意志、承受挫折等方面的品质。现在心理学家们普遍认为，情商水平的高低对一个人能否取得成功有着重大的影响，更进一步说，它们之间的关系是成正比的。

在美国，流行着这样一句话："智商决定你能否被录用，情商决定你能否被提升。"那么究竟什么是情商呢？它具体涵盖哪些内容呢？人们普遍认为情商包括以下几个方面的内容。

◎认知自己的情绪。一个人只有认识自己了，才能找到好的方法主宰自己。

◎能够调控自己的情绪，进行自我激励。

◎认知他人，管理人际关系中的情绪。这是与他人正常交往，实现顺利沟通的基础，还能在工作中起到领导和管理的作用。

情商所包含的这些因素，是一个男人在事业上取得成功的主要因素。因此，一个想要成功的男性就会努力提高自己的情商水平。

李志是一个保险销售员，他每天的工作很忙很累，随着工作压力的增加，他的情绪也越来越不好。

　　某一天，李志的一个老同学请他出来喝茶，顺便叙叙旧。他的这位老同学现在开了一家公司，而且经营得还相当不错，可他并没有因此而自得，瞧不起做保险的好朋友李志。相反，他还会隔三差五地请李志出来聊天。这次的聊天，双方都谈到了工作，李志把最近的烦躁情绪说给了老同学听。

　　老同学听完后告诉李志：“你知道吗？我刚开公司的时候，因为经验不足，也没有人脉，可以说到处碰壁。那段时间我的心情也特别不好，对待下属也很不好，动不动就发脾气，弄得整个公司都人心惶惶的，甚至还有几个员工向我提出了辞职。还好，我很快反省了自己，遇见事情就要解决事情，不要情绪失控。你失控了，事情还是会在那儿，什么也解决不了，也会让周围的人不开心，何苦呢？尤其是领导者，如果没有控制情绪的高情商，那么早晚都得垮台！”

　　老同学的话，让李志陷入了沉思。回去之后，他努力控制自己的负面情绪，把心思都用在如何跟客户沟通、怎样和同事相处上面，而且也摆正了对工作的态度。慢慢的，他的业绩越做越好，跟同事们的关系也越来越融洽，最后还被提升为公司的销售经理。

　　这个案例告诉我们，一个男人的成功，不是在于你有多高的智商，而是在于你有多好的控制自己情绪的能力，以及处理社会关系的本领，也就是情商。有了这个情商，你就会主动地进行自我调节，使自己更好地适应工作和生活。这也进一步验证了，一个男人的情商与他的成功是成正比的。

（2）在销售中，情商比智商更重要

很多销售员会迷惑，为什么有那么多人会认为，决定自己能否成为优秀销售人员的，不是智商而是情商呢？因为情商指的是一个人对自己情绪的控制能力，对他人情绪的揣摩和左右能力，以及对人生的乐观程度和面对挫折的承受能力。情商既然有如此巨大的作用，那么它对销售人员的影响力自然不言而喻了。

研究表明，一个人的情商系数可以被用来预测他能否取得事业成功和获得幸福生活。而且，利用情商对此进行预测还相当有效，能很好地反映一个人在社会中的适应能力。

小磊是一个刚入行的销售员，他不聪明，但是性情很好，无论做什么事都能得到同事和客户的喜爱。而老王是一个很有经验的销售员，他给人的感觉就是聪明。但是老王在处理自己的情绪方面相当失败，每次在工作中遇到不顺心的事他都要发脾气，甚至骂骂咧咧。

到最后，这个看起来很聪明的老王却被资质平平的小磊赶上了，而且小磊因为工作态度端正还被提升了。因为在客户反馈里，小磊的口碑一直很好。对于重视口碑的销售行业来说，谁能赢得客户的喜爱，谁就把握了工作的主动。

哈佛大学心理学家戈尔曼教授研究发现，一个人的情商对他在职场的表现有着非常重要的影响。一个针对美国前500强大企业的员工所做的调查表明，一个人的智商和情商对他在工作上成功的贡献比例为1：2。

因此，男性销售员千万不要再为自己的智商不高而苦恼了，因为情商才是决定你成功与否的一个关键因素。所以，赶快努力磨炼自己的性情，向情商达人进军吧！

（3）情商直接决定你的销售业绩

有很多销售大师都认同这样一个观点：情商，直接影响营销的成败，决定销售业绩的好坏。而许多伟大的销售人员都是高情商的人。更甚者，有的人认为情商能决定一个人的命运，情商的高低是一个人事业成败的分水岭，并在最大限度上决定着你的人生是否完美。

不过，有的销售员并不认同这种观点，他们觉得只要认真学习销售技巧，勤奋地跑客户，就能取得很好的业绩了。这在某种意义上来说也是对的，不然公司也不会为销售员提供专业培训了。但是，学习知识、提高销售技巧只是一种途径，而非销售员成就业绩的唯一必备武器。

思想家培根曾说过："读书的目的不在读书本身，而在于一种超乎书本之外的，只有通过细心观察才能够获得的为人处世的智慧。"这告诉我们，从书本上学到的知识，并不能保证一个人一定会成功。而古人所说的"纸上得来终觉浅"，也是这个道理。

不管一个人凭借努力或者高智商学到了多少高深的知识，但如果他的情商不高的话，那么就很难在事业上取得成功。优秀的男性销售员一定要明白这一点，千万不能忽略提升自己的情商水平。

当然，情商虽然重要，但并不是那么难获得的，它需要后天的培养。因此，男性销售员要努力投入到提升情商的锻炼中，进行相关的训练。久而久之，当你的情商提高以后，你会发现情商直接决定着销售业绩是一个至理名言。

在谈判中克服粗心、冲动等男性劣势，成为谈判专家

对于一个男性销售员来说，谈判中的细枝末节，往往能体现他心灵深处的意志和自身的修养，而这种心灵深处的东西将会决定他与客户谈判的效果以及结果。因此，男性销售员必须要注意自己在与客户谈判中的细节，努力克服自己的粗心与冲动，使自己的表现更睿智、更得体，成为谈判中的专家。

男性销售员克服粗心、冲动的必要性

现代人的生活节奏快，使得人的情绪在短时间内发生强烈的变化，这也是造成社会中很多不堪重压的女性得抑郁症的主要原因。而男性的情绪与女性相比，起伏性更大，负面情绪的破坏性也更大。所以，男性在强压的工作环境下也容易心情烦躁，导致工作疏忽与情绪失控。

成功人士都知道，当今社会是一个技术与服务都能够被迅速复制的社会，因此要想在竞争中取胜，那就要在细节上高人一筹。细节方面的重要性，在很多著名的商业案例中都有体现。比如，在2000年就已经拥有了符合宇航食品生产标准的先进生产设备的日本乳品企业——雪印公司，却由于员工的粗心，将一个没有洗净消毒的器皿送入了生产线，而导致日本上万人中毒。仅这一次意外，雪印公司的名誉就尽毁了。由此可见，粗心大意的后果有多么严重。

　　推及销售员的谈判，这个道理同样适用。尤其是男性销售员，他们普遍有粗心、冲动的坏毛病，如果不注意在谈判中克服这些毛病，那么后果就严重了：不仅会让自己付出的努力付诸东流，还可能给公司带来无法挽回的损失。

　　王忠是某品牌洗洁精的销售人员。某次，他去与一位客户进行最后的签约谈判。这个客户是他费了九牛二虎之力才谈妥的，为此他还征得公司同意，给该客户提供了每进购1000瓶洗洁精赠送20瓶的优惠。

　　王忠心想：这次谈判一定能顺利拿下，也不枉费自己这一个多月来起早贪黑的忙碌。因为合同的大致内容都是之前谈好的，所以双方见面后也没有多说什么。王忠只是把自己的合同递给客户审核一下具体细节，然后就等着签字。

　　没想到客户突然笑着说："我说小王啊，你可太够意思啊，我好说歹说你才愿意给我20瓶的优惠，没想到回公司后你给我争取了200瓶的优惠。你们公司可真是大手笔啊，以后我进货还找你！"

　　王忠一听疑惑了，说："不对啊，您看错了吧，是20瓶才对。"

客户说："不信你看看，是 200 瓶嘛。"王忠接过合同一看，上面果真写的是 200 瓶。王忠想，可能是自己这几天没有休息好，粗心大意给写错了，于是就急忙向客户解释。客户听了脸色突然就变了："哄我开心呢？我想着你们那个小公司也不会这么大方地给我优惠，原来是你弄错了，你说说你，这么粗心……"

王忠本来心情挺好的，被这件事一搅，又听客户用那种口气说自己的公司和自己的疏忽，就生气了："小气？你们不小气吗？为了那点儿优惠拖了我这么长时间，又是陪吃饭又是陪喝酒的。我只是一不小心多打了一个零，你就这个态度……"没等他说完，客户就拍桌子走人，说不谈了，留下王忠一个人在那傻眼了。

事后，王忠也进行了反思：自己粗心弄错了，应该好好道歉的，不应当那么冲动……可是一切都晚了，自己一个月的努力算白费了。

这件事，按说如果王忠再仔细把合同检查一遍就能避免，可是粗心让原本顺利的事情出现了波折。而当这件事发生之后，客户说一两句难听话也是正常的，毕竟在这么重要的事情上出错是很不应该的，起码说明了他对谈判的重视程度不够。但如果他能冷静沉着地控制好自己的情绪，真诚地向客户道歉，那么谈判也许就不会以失败而告终。

由此可见，人们说"细微之处见精神，细节决定命运"是很有道理的。一个男性销售员如果不能在谈判中做到细心、忍耐，是很容易吃大亏的。

学习谈判技巧，争取成为谈判专家

男性销售员要想在谈判中克服粗心、冲动的坏毛病，就要努力提高自己的修养，学习一些谈判技巧，这样就离成为谈判专家更进一步了。

（1）谈判开始前"破冰期"的注意事项

"破冰期"通常被很多人认为是谈判开始前双方为打破严肃的氛围而进行的"闲聊期"。这个"闲聊期"对谈判双方都很重要，如果把握好了，就有利于向谈判期自然过渡。因此，男性销售员要注意以下事项把握好这个"破冰期"。

①言谈举止亲切得体

谈判也讲究第一印象，因为谈判前的言谈举止透露着你对这场谈判的态度。如果你表现轻浮，甚至锋芒毕露的话，那说明你没有把客户放在眼里，或者是你对这次谈判稳操胜券。这样会让客户觉得你不尊重他，不利于谈判的顺利进行。因此，你必须注意自己的言行，以得体的言行让客户感觉到你的亲切，对你有一个好印象，并对这场谈判充满期待。

②不急不躁，营造轻松和谐的气氛

谈判者切忌心情急躁，因为心情急躁很容易让客户抓住你的弱点，使你在谈判中处于被动地位。而且，急躁还可能造成你麻痹大意，在谈判中作出错误决策。因此，男性销售员要懂得营造轻松和谐的气氛，使自己与客户都能在清醒、平和的状态下进入谈判。

"破冰期"是走向正式谈判的桥梁，如果男性销售员能掌握好"破冰期"的这些"火候"，是很能增长自己的谈判功力的。不过有一点还是要注意的——销售员一定要把握好"破冰期"的时间，不应过长，也不应过短。因为"闲话时间"太长了会让客户感觉到乏味，而太短了会让客户觉得你太过急功近利。

（2）谈判过程中的赞美很重要

谈判是一种文明竞争的方法，因此作为优秀销售男的你，在谈判中要处处显示自己的风度。这种风度的展现莫过于在谈判中对客户保持尊重，并适当地赞美他了。没有人会反感别人对自己的重视与赞美，而且赞美也是一切人际沟通的开始，是促使销售谈判成功的重要技巧。

但是，毫无根据的赞美只会让客户觉得你虚情假意，是因为有所企图才这样说。因此，销售人员不仅要知道谈判中的赞美很重要，还要懂得如何赞美。

一家建筑公司承包修建一座办公大厦，但是在工程接近尾声时，装潢部分出了问题，因为负责提供大厦外部装饰材料的工厂突然说不能按期交货了。这可把建筑公司的总经理给急坏了，因为耽误工期会导致大厦不能准时完工，自己的建筑公司就会蒙受巨大的经济损失。因为与那家装饰材料公司反复协商无果，总经理只好派出了销售部的谈判专家刘平出马解决这件事情。

刘平之所以被称为谈判专家，是因为他与客户谈判几乎没有失利过，而且月月都是公司的销售冠军。刘平在见到装饰材料厂的总经理时，首先赞叹道："您的姓可是本市独一无二的啊！"

那位总经理有些惊讶："真的吗？我还不知道呢。"

刘平笑着说："嗯，是真的。这是我今天早晨下火车，在本市电话簿查你的联系方式时发现的。原来整个市区只有您一个人是姓拓跋氏的。这个姓是复姓，而且又很少见，想必是有历史来源的吧！我很感兴趣，恳求您说来一听。"

总经理很高兴地说："我的姓的确有点不一般，它原是古代鲜卑族的部落名称，后来变成了姓氏。"随后，总经理兴致勃勃地谈起了他的家庭和祖先。

待总经理说完之后，刘平接着又夸起他的工厂来："您的祖先和家族原来这样优秀，怪不得您能干出这么一番大事业来。"

见总经理笑了笑，刘平继续说道："而且您的装饰材料厂虽然大，却极其干净，这样的装饰材料厂我还是头一回见呢！"

这时，总经理更高兴了，并自豪地说："我在这个工厂投入了毕生的精力，它是我的骄傲啊。"谈话结束后，这位总经理还热情地邀请刘平参观他的工厂。

在参观的过程中，刘平还不失时机地夸奖了工厂里的几种特殊机器，这使得总经理更加高兴了。

最后，这位总经理对刘平说："这次跟你的谈话让我觉得很开心，你这个朋友我交定了。至于那批货，你放心吧。别人的会延期，你们公司的一定不会延期。"

由此可见，渴望被人赞美是人的天性，谈判中小小的几句赞美不仅能够让客户感到温馨，还能解决大难题。因此，想要在谈判中获得客户的好感，使谈判顺利进行下去，销售人员就不要吝惜自己真诚的赞美。

（3）一定要学会抓住谈判的关键点

男性销售员想要成为谈判专家，就要明白谈判不光是耍嘴皮子，还要学会抓住谈判的关键点。这个关键点可以是很多因素，比如价格、产品质量、交货时间等。但千万不能从单一方面考虑，那样只会让客户觉得你不会谈判，只会一味地在一个方面绕口舌。这样的谈判事倍功半，无疑是失败的。

一个优秀的男性销售员要想成为真正的谈判专家，就必须在谈判中克服粗心大意、爱冲动的坏毛病。除此之外，应当努力学习一些谈判技巧，使自己在谈判中应付自如，百战百胜。

让销售为自己服务，向管理层挺进

从事销售的男性，因为受着成就感、进取心以及发展欲望的驱使，总会考虑到向管理层挺进这个问题。向管理层挺进不是光靠男性的天生优势就能实现的，还需要从销售工作中积累的经验和合理的"业绩秀"。学会让销售为自己服务的男性销售员，才是一个优秀的销售员。

用心工作，你会发现在销售中你能学到很多

刚开始跑业务的销售员是很辛苦的，由于对行业不熟悉，也没有客户，所有事情都是从零开始。新入行的销售员要先熟悉业务，知道销售是干什么的，知道怎样向客户解说自己的产品和服务，还要天天"扫街"似的不停地拜访潜在客户。这样虽然很辛苦，但是坚持下来，只要你用心做了就会学到很多。而学到的这些知识和经验，又是在为你向管理层进军打基础。

（1）销售中的情商是管理者需要具备的

情商是男性销售员必备的，因为销售员要想成功，就一定要营造一个良好的人际关系网。有了好的人际关系，自己在做业务时自然能左右逢源，不仅业绩会提高，还会从自己所结识的成功人士身上学到很多的东西。

对于一个管理者来说，情商比智商更重要。美国商界曾做过关于领导管理能力的调查，结果显示：管理人员的时间平均有四分之三花在处理人际关系上，并且他们会把公司的大部分开支用在人力资源上。而且，管理者普遍认为计划能否执行与执行的效果，关键在于人。由此可见，经常和客户打交道的男性销售员，进军管理层是相当有优势的。

（2）销售中培养出的修养与个性是管理者所需要的

销售人员每天要面对不同的客户，经受不同的磨炼，还要承受很大的压力，没有好的修养与个性绝对是不行的。长时间从事销售工作的男性销售员，通常会有很强的抗压能力，能够虚心地接受批评，做事认真细心，对人谦恭有礼……这些优势都是作为一个管理者所必需的。

（3）学习销售大师吉拉德的晋升理念

作为世界顶级的销售大师，吉拉德能够从一个小销售员，做到公司的高层管理人员，这是很多销售新手所羡慕的。那么吉拉德的晋升理念是什么呢？针对这个问题，吉拉德的回答是：别让销售模式化。

曾经有人问世界著名的销售大师吉拉德："你做汽车销售这么

多年，就不觉得厌烦吗？"

"我从来没有这样的感觉，因为从来不存在一模一样的销售。我销售的汽车是各式各样的，而且每年都有大量新款的车被投放市场，而我的客户也是不相同的。"

正是这些不同，在销售工作中给了吉拉德挑战性、刺激性，这一点在那些满腹疑虑的顾客心满意足地离开销售店时尤为明显。这种从不把销售模式化的理念，使吉拉德在工作中不断进步，最终从一个小小的销售员坐到了管理层的位置上。

要是吉拉德只靠一种技巧销售汽车的话，真不敢想象他的销售生涯会是多么的糟糕，更别提在销售领域有更进一步的发展了。吉拉德的这种晋升理念很值得男性销售员学习。否则，把销售模式化的销售员早晚会厌弃自己的工作，又怎么会朝着管理层挺进呢？

用业绩"作秀"，引起高层注意

说起"作秀"，很多人一定会认为这是个贬义词。然而在竞争激烈的销售行业，作秀却并不见得是坏事。一位职场专家曾经说过："做人要简单，做事要勤奋，这是我的基本价值观。只要相信自己，只要自己勤奋、执著，最终都会在不同的领域超越自我，取得成功。当你具备了做人、做事的条件，在适当的时候作秀，就能够起到事半功倍的效果。反之，则会弄巧成拙。"

所谓"职场作秀"，正是一种展现自我的手段，从而给自己争取到晋升的机会。一个人的努力和成绩如果总是被人漠视，那么他的职场之路就很难走下去。尤其对于一名男性销售员来说，成为主管才是目标。一辈子做一名小销售员，那又有什么前途？

所以说，当有了优秀的业绩时，你一定要尽可能地展现出来，让高层看到你的能量！

作为一名销售精英，职场的成功男性，林一白如今可谓是公司的"大明星"。许多新职员都是他的"粉丝"，希望能像他一样，迅速成为公司的中层领导。

为什么这个既没有背景，也不是富二代的普通年轻人，能够做出如此成绩？答案只有一个：敢于秀出自己的业绩。

两年前，林一白刚刚走出校门，就来到这家广告公司做销售。他很勤奋，是最努力的那一个，但到了年终"优秀新人"评比时，没有他的名字。

林一白很郁闷，觉得自己受了委屈。这时，"优秀新人"评比赛主持人的一句话让他茅塞顿开：在公司，一个人要成功首先是让自己被别人注意，提高自己的身价。机会不是自动降临的，你必须得自己创造主观条件，才能得到机会的青睐。

"是啊，我很努力，并且销售成绩也不错，可是谁看见了？"林一白自言自语道。

第二天，林一白就改变了做事的风格。他把公司中可能会与自己有往来的人员名单从头到尾背了一遍，并牢记于心。做完这些之后，他开始有计划地与这些人接触，通过正面和侧面对各个同事进行了解，使自己尽量熟悉他们。

更重要的是，林一白开始"秀业绩"。当然，那绝不是刻意地自吹自擂，而是一种低调的"炫耀"。例如，当同事遇到一个难缠的客户时，他就会说："曾经我也遇到过这样一位客户，我的方法是这样的……"或者在会议上，主动站起来说："我想和大家分享一个我自己感受到的经验……"

正是这种"作秀"，让公司上下都对林一白留下了深刻的印象，并且没有人感到厌烦。毕竟，林一白的"作秀"是有感而发，那些新入职的销售员和长期业绩不佳的销售员，甚至还非常感激林一白的这种"经验共享"精神！

很快，公司举行聚餐。同事们在高层领导面前，纷纷赞扬林一白出色的能力。高层领导早就对林一白有所耳闻，见到这么多人赞许他，自然对他留下了良好的印象。仅仅半月之后，林一白就成了销售部经理。但林一白没有满足，他的下一个目标，是进入公司的管理高层！

不可否认，林一白的晋升，与精心策划的作秀有着密切的关系。当然，这里的"作秀"是褒义的。林一白的作秀并不是欺骗人的伎俩，而是他在自己真才实学的基础上把自己的业绩秀给上司看。

用业绩给自己的晋升提供机遇，这是很多男性销售员没有想到的。也许，你会认为男性"沉默是金"，男性只能用"实力"来获得机会，"作秀"是要不得的。但默默无闻地做下去，领导什么时候会看到你？还要再熬多久，你才能得到晋升的机遇？

所以，让销售为自己服务，秀出自己的业绩，这是男性销售员向管理层挺近的一个绝佳爆发点。让老板了解你对公司的发展所作出的贡献，让老板感受你在销售领域的无尽潜能，这时候晋升之路自然水到渠成。

当然，"秀"出业绩和能力也有禁区，那就是空洞地炫耀自己。想要让老板真心佩服你，感受到你的能力，那么我们不妨做到以下几点。

（1）面见老板，精心准备

有很多销售员在见老板时，总是慌慌张张的，害怕老板知道自己的工作遇到困难，显得自己很无能。其实，销售人员根本不需如此。在工作中遇见困难，不应该隐瞒老板，在见老板之前可以精心准备一下应对方法，要想好几个解决方案，认真向老板解释。当然，在跟老板见面时一定不要太露锋芒，要让老板有决策人的感觉。这样，老板就会感受到你的尊重，会更加看重你。慢慢的，你的晋升机会就来了。

（2）及时向老板汇报自己的工作进度

刚进入销售行业的销售员，不知道及时向老板报告工作进度的重要性，觉得只要自己最后的业绩好就行了。其实，这是阻碍自己晋升的一大疏忽。因为及时向老板报告自己的工作进度可以让老板很快记住你，而且老板会觉得你谦虚谨慎，做事有条理。很快，自己在老板面前的印象分就有了。那么，当有好的业务和晋升机会时，老板也自然会很快地想起你。

总之，"作秀"是要讲究方法、策略的，只要销售人员把"作秀"做好，那么就离成功跻身管理层不远了。

给即将进入或已经进入管理层的销售人士的建议

众所周知，销售人员是最难管理的。因为在大多数情况下，对销售人员实行的都是远程管理。因此，想要做好对销售人员的管理，管理者首先要明白管理的真正含义——"管"就是"监督与制约"，"理"就是"帮助与疏导"，管理就是设计和保持一个良好的环境，使所管辖的人员在这个环境中能高效率地完成经营目标。

通常情况下，要做好对销售人员的管理，管理者就要注意满足销售人员的三个层面的需求：成就感、归宿感、安全感。但是，这三个层面中，销售员对成就感的需求更多一点。因此，管理者不妨在这一点上多下一些工夫。

第一，用目标引导销售人员注意销售结果。比如，可以通过考核来激励销售人员的热情，进而让他们把精力都用到为目标奋斗上面来。

第二，对销售人员的销售活动实行严格的进度把关和过程监督。这样可以使销售人员严格执行公司的销售汇报制度，一方面可以培养销售人员对市场信息的敏感性，另一方面可加强对销售人员销售过程的追踪和控制。再结合第一点，管理者就可以做到既重视目标与实绩之间的关系，又强化过程；既不对销售人员放任自流，又能让销售人员自觉进步。

第三，重视以收入为利诱的绩效管理，激发销售人员的潜力。对于销售人员来讲，有压力才会有动力，实行与收入挂钩的绩效管理，才能调动销售人员的积极性和创造性。

作为一个管理者，管理好员工固然重要，但更重要的是要让底下的员工在你的带领下有所进步，进而协助你完成既定目标。只要做好这些，那么你在管理层就会如鱼得水，步步高升。